Cioran

De l'inconvénient d'être né

Gallimard

I

Trois heures du matin. Je perçois cette seconde, et puis cette autre, je fais le bilan de chaque minute. Pourquoi tout cela ? — *Parce que je suis né.*

C'est d'un type spécial de veilles que dérive la mise en cause de la naissance.

*

« Depuis que je suis au monde » — ce *depuis* me paraît chargé d'une signification si effrayante qu'elle en devient insoutenable.

*

Il existe une connaissance qui enlève poids et portée à ce qu'on fait : pour elle, tout est privé de fondement, sauf elle-même. Pure au point d'abhorrer jusqu'à l'idée d'objet, elle traduit ce savoir extrême selon lequel commettre ou ne pas commettre un acte c'est tout un et qui s'accompagne d'une satisfaction extrême elle aussi : celle de pouvoir répéter, en chaque rencontre, qu'aucun geste qu'on exécute ne vaut qu'on y adhère, que rien n'est rehaussé par quelque trace de substance, que la « réalité » est du ressort de l'insensé. Une telle

9

connaissance mériterait d'être appelée posthume : elle s'opère comme si le connaissant était vivant et non vivant, être et souvenir d'être. « C'est déjà du passé », dit-il de tout ce qu'il accomplit, dans l'instant même de l'acte, qui de la sorte est à jamais destitué de *présent.*

*

Nous ne courons pas vers la mort, nous fuyons la catastrophe de la naissance, nous nous démenons, rescapés qui essaient de l'oublier. La peur de la mort n'est que la projection dans l'avenir d'une peur qui remonte à notre premier instant.

Il nous répugne, c'est certain, de traiter la naissance de fléau : ne nous a-t-on pas inculqué qu'elle était le souverain bien, que le pire se situait à la fin et non au début de notre carrière ? Le mal, le vrai mal est pourtant *derrière,* non devant nous. C'est ce qui a échappé au Christ, c'est ce qu'a saisi le Bouddha : « Si trois choses n'existaient pas dans le monde, ô disciples, le Parfait n'apparaîtrait pas dans le monde... » Et, avant la vieillesse et la mort, il place le fait de naître, source de toutes les infirmités et de tous les désastres.

*

On peut supporter n'importe quelle vérité, si destructrice soit-elle, à condition qu'elle tienne lieu de tout, qu'elle compte autant de vitalité que l'espoir auquel elle s'est substituée.

*

Je ne fais rien, c'est entendu. Mais je *vois* les heures passer — ce qui vaut mieux qu'essayer de les remplir.

*

Il ne faut pas s'astreindre à une œuvre, il faut seulement dire quelque chose qui puisse se murmurer à l'oreille d'un ivrogne ou d'un mourant.

*

A quel point l'humanité est en régression, rien ne le prouve mieux que l'impossibilité de trouver un seul peuple, une seule tribu, où la naissance provoque encore deuil et lamentations.

*

S'insurger contre l'hérédité c'est s'insurger contre des milliards d'années, contre la *première* cellule.

*

Il y a un dieu au départ, sinon au bout, de toute joie.

*

Jamais à l'aise dans l'immédiat, ne me séduit que ce qui me précède, que ce qui m'éloigne d'ici, les instants sans nombre où je ne fus pas : le non-né.

*

Besoin physique de déshonneur. J'aurais aimé être fils de bourreau.

*

De quel droit vous mettez-vous à prier pour moi ? Je n'ai pas besoin d'intercesseur, je me débrouillerai *seul*.

De la part d'un misérable, j'accepterais peut-être, mais de personne d'autre, fût-ce d'un saint. Je ne puis tolérer qu'on s'inquiète de mon salut. Si je l'appréhende et le fuis, quelle indiscrétion que vos prières ! Dirigez-les ailleurs ; de toute manière, nous ne sommes pas au service des mêmes dieux. Si les miens sont impuissants, il y a tout lieu de croire que les vôtres ne le sont pas moins. En supposant même qu'ils soient tels que vous les imaginez, il leur manquerait encore le pouvoir de me guérir d'une horreur plus vieille que ma mémoire.

*

Quelle misère qu'une sensation ! L'extase elle-même n'est, *peut-être*, rien de plus.

*

Défaire, dé-créer, est la seule tâche que l'homme puisse s'assigner, s'il aspire, comme tout l'indique, à se distinguer du Créateur.

*

Je sais que ma naissance est un hasard, un accident risible, et cependant, dès que je m'oublie, je me comporte comme si elle était un événement capital, indispensable à la marche et à l'équilibre du monde.

*

Avoir commis tous les crimes, hormis celui d'être père.

*

En règle générale, les hommes *attendent* la déception : ils savent qu'ils ne doivent pas s'impatienter, qu'elle viendra tôt ou tard, qu'elle leur accordera les délais nécessaires pour qu'ils puissent se livrer à leurs entreprises du moment. Il en va autrement du détrompé : pour lui, elle survient en même temps que l'acte ; il n'a pas besoin de la guetter, elle est présente. En s'affranchissant de la succession, il a dévoré le possible et rendu le futur superflu. « Je ne puis vous rencontrer dans *votre* avenir, dit-il aux autres. Nous n'avons pas un seul instant qui nous soit commun. » C'est que pour lui l'ensemble de l'avenir est déjà là.

Lorsqu'on aperçoit la fin dans le commencement, on va plus vite que le temps. L'illumination, déception foudroyante, dispense une certitude qui transforme le détrompé en délivré.

*

Je me délie des apparences et m'y empêtre néanmoins ; ou plutôt : je suis à mi-chemin entre ces apparences et *cela* qui les infirme, *cela* qui n'a ni nom ni contenu, *cela* qui est rien et qui est tout. Le pas décisif hors d'elles, je ne le franchirai jamais. Ma nature m'oblige à flotter, à m'éterniser dans l'équivoque, et si je tâchais de trancher dans un sens ou dans l'autre, je périrais par mon salut.

*

Ma faculté d'être déçu dépasse l'entendement. C'est elle qui me fait comprendre le Bouddha, mais c'est elle aussi qui m'empêche de le suivre.

*

Ce sur quoi nous ne pouvons plus nous apitoyer, ne compte et n'existe plus. On s'aperçoit pourquoi notre passé cesse si vite de nous appartenir pour prendre figure d'histoire, de quelque chose qui ne regarde plus personne.

*

Au plus profond de soi, aspirer à être aussi dépossédé, aussi lamentable que Dieu.

*

Le vrai contact entre les êtres ne s'établit que par la présence muette, par l'apparente non-communication, par l'échange mystérieux et sans parole qui ressemble à la prière intérieure.

*

Ce que je sais à soixante, je le savais aussi bien à vingt. Quarante ans d'un long, d'un superflu travail de vérification...

*

Que tout soit dépourvu de consistance, de fondement, de justification, j'en suis d'ordinaire si assuré, que, celui qui oserait me contredire, fût-il l'homme que j'estime le plus, m'apparaîtrait comme un charlatan ou un abruti.

*

Dès l'enfance, je percevais l'écoulement des heures, indépendantes de toute référence, de tout acte et de tout événement, la disjonction du temps de ce qui n'était pas lui, son existence autonome, son statut particulier, son empire, sa tyrannie. Je me rappelle on ne peut plus clairement cet après-midi où, pour la première fois, en face de l'univers vacant, je n'étais plus que fuite d'instants rebelles à remplir encore leur fonction propre. Le temps se décollait de l'être *à mes dépens.*

*

A la différence de Job, je n'ai pas maudit le jour de ma naissance; les autres jours en revanche, je les ai tous couverts d'anathèmes...

*

Si la mort n'avait que des côtés négatifs, mourir serait un acte impraticable.

*

Tout est; rien n'est. L'une et l'autre formule apportent une égale sérénité. L'anxieux, pour son malheur, reste entre les deux, tremblant et perplexe, toujours à la merci d'une nuance, incapable de s'établir dans la sécurité de l'être ou de l'absence d'être.

*

Sur cette côte normande, à une heure aussi matinale, je n'avais besoin de personne. La présence des mouettes me dérangeait : je les fis fuir à coups de pierres. Et leurs cris d'une stridence surnaturelle, je compris que c'était justement cela qu'il me fallait, que le sinistre seul pouvait m'apaiser, et que c'est pour le rencontrer que je m'étais levé avant le jour.

*

Etre en vie — tout à coup je suis frappé par l'étrangeté de cette expression, comme si elle ne s'appliquait à personne.

*

Chaque fois que cela ne va pas et que j'ai pitié de mon cerveau, je suis emporté par une irrésistible envie de *proclamer*. C'est alors que je devine de quels piètres abîmes surgissent réformateurs, prophètes et sauveurs.

*

J'aimerais être libre, éperdument libre. Libre comme un mort-né.

*

S'il entre dans la lucidité tant d'ambiguïté et de trouble, c'est qu'elle est le résultat du mauvais usage que nous avons fait de nos veilles.

*

La hantise de la naissance, en nous transportant *avant* notre passé, nous fait perdre le goût de l'avenir, du présent et du passé même.

*

Rares sont les jours où, projeté dans la post-histoire, je n'assiste pas à l'hilarité des dieux au sortir de l'épisode humain.

Il faut bien une vision de rechange, quand celle du Jugement ne contente plus personne.

*

Une idée, un être, n'importe quoi qui s'incarne, perd sa figure, tourne au grotesque. Frustration de l'aboutissement. Ne jamais s'évader du possible, se prélasser en éternel velléitaire, *oublier* de naître.

*

La véritable, l'unique malchance : celle de voir le jour. Elle remonte à l'agressivité, au principe d'expansion et de rage logé dans les origines, à l'élan vers le pire qui les secoua.

*

Quand on revoit quelqu'un après de longues années, il faudrait s'asseoir l'un en face de l'autre et ne rien dire pendant des heures, afin qu'à la faveur du silence la consternation puisse se savourer elle-même.

*

Jours miraculeusement frappés de stérilité. Au lieu de m'en réjouir, de crier victoire, de convertir cette sécheresse en fête, d'y voir une illustration de mon accomplissement et de ma maturité, de mon détachement enfin, je me laisse envahir par le dépit et la mauvaise humeur, tant est tenace en nous le vieil homme, la canaille remuante, inapte à s'effacer.

17

*

Je suis requis par la philosophie hindoue, dont le propos essentiel est de surmonter le moi ; et tout ce que je fais et tout ce que je pense n'est que moi et disgrâces du moi.

*

Pendant que nous agissons, nous avons un but ; l'action finie, elle n'a pas plus de réalité pour nous que le but que nous recherchions. Il n'y avait donc rien de bien consistant dans tout cela, ce n'était que du jeu. Mais il en est qui ont conscience de ce jeu *pendant* l'action même : ils vivent la conclusion dans les pré-misses, le réalisé dans le virtuel, ils sapent le sérieux par le fait même qu'ils existent.

La vision de la non-réalité, de la carence universelle, est le résultat combiné d'une sensation quotidienne et d'un frisson brusque. *Tout est jeu* — sans cette révéla-tion, la sensation qu'on traîne le long des jours n'aurait pas ce cachet d'évidence dont ont besoin les expérien-ces métaphysiques pour se distinguer de leurs contre-façons, les *malaises*. Car tout malaise n'est qu'une expérience métaphysique avortée.

*

Quand on a usé l'intérêt que l'on prenait à la mort, et qu'on se figure n'avoir plus rien à en tirer, on se replie sur la naissance, on se met à affronter un gouffre autrement inépuisable...

*

En ce moment même, j'ai *mal*. Cet événement, crucial pour moi, est inexistant, voire inconcevable

pour le reste des êtres, pour tous les êtres. Sauf pour
Dieu, si ce mot peut avoir un sens.

*

On entend de tous côtés, que si tout est futile, faire
bien ce que l'on fait, ne l'est pas. Cela même l'est
pourtant. Pour arriver à cette conclusion, et la supporter, il ne faut pratiquer aucun métier, ou tout au plus
celui de roi, comme Salomon.

*

Je réagis comme tout le monde et même comme ceux
que je méprise le plus ; mais je me rattrape en
déplorant tout acte que je commets, bon ou mauvais.

*

Où sont mes sensations ? Elles se sont évanouies en...
moi, et ce moi qu'est-il, sinon la somme de ces
sensations évaporées ?

*

Extraordinaire et *nul* — ces deux objectifs s'appli-
quent à un certain acte, et, par suite, à tout ce qui en
résulte, à la vie en premier lieu.

*

La clairvoyance est le seul vice qui rende libre —
libre *dans un désert*.

A mesure que les années passent, le nombre décroît de ceux avec lesquels on peut s'entendre. Quand on n'aura plus personne à qui s'adresser, on sera enfin tel qu'on était avant de choir dans un nom.

*

Quand on se refuse au lyrisme, noircir une page devient une épreuve : à quoi bon écrire pour dire *exactement* ce qu'on avait à dire ?

*

Il est impossible d'accepter d'être jugé par quelqu'un qui a moins souffert que nous. Et comme chacun se croit un Job méconnu...

*

Je rêve d'un confesseur idéal, à qui tout dire, tout avouer, je rêve d'un saint blasé.

*

Depuis des âges et des âges que l'on meurt, le vivant a dû attraper le pli de mourir ; sans quoi on ne s'expliquerait pas pourquoi un insecte ou un rongeur, et l'homme même, parviennent, après quelques simagrées, à crever si dignement.

*

Le paradis n'était pas supportable, sinon le premier homme s'en serait accommodé ; ce monde ne l'est pas davantage, puisqu'on y regrette le paradis ou l'on en escompte un autre. Que faire ? où aller ? Ne faisons rien et n'allons nulle part, tout simplement.

*

La santé est un bien assurément ; mais à ceux qui la possèdent a été refusée la chance de s'en apercevoir, une santé consciente d'elle-même étant une santé compromise ou sur le point de l'être. Comme nul ne jouit de son absence d'infirmités, on peut parler sans exagération aucune d'une punition *juste* des bien-portants.

*

Certains ont des malheurs ; d'autres, des obsessions. Lesquels sont le plus à plaindre ?

*

Je n'aimerais pas qu'on fût équitable à mon endroit : je pourrais me passer de tout, sauf du tonique de l'injustice.

*

« Tout est douleur » — la formule bouddhique, modernisée, donnerait : « Tout est cauchemar. »
Du même coup, le nirvâna, appelé à mettre un terme à un tourment autrement répandu, cesserait d'être un recours réservé à quelques-uns seulement, pour devenir universel comme le cauchemar lui-même.

*

Qu'est-ce qu'une crucifixion unique, auprès de celle, quotidienne, qu'endure l'insomniaque ?

*

Comme je me promenais à une heure tardive dans cette allée bordée d'arbres, une châtaigne tomba à mes pieds. Le bruit qu'elle fit en éclatant, l'écho qu'il suscita en moi, et un saisissement hors de proportion avec cet incident infime, me plongèrent dans le miracle, dans l'ébriété du définitif, comme s'il n'y avait plus de questions, rien que des réponses. J'étais ivre de mille évidences inattendues, dont je ne savais que faire...

C'est ainsi que je faillis toucher au suprême. Mais je crus préférable de continuer ma promenade.

*

Nous n'avouons nos chagrins à un autre que pour le faire souffrir, pour qu'il les prenne à son compte. Si nous voulions nous l'attacher, nous ne lui ferions part que de nos tourments abstraits, les seuls qu'accueillent avec empressement tous ceux qui nous aiment.

*

Je ne me pardonne pas d'être né. C'est comme si, en m'insinuant dans ce monde, j'avais profané un mystère, trahi quelque engagement de taille, commis une faute d'une gravité sans nom. Cependant il m'arrive d'être moins tranchant : naître m'apparaît alors comme une calamité que je serais inconsolable de n'avoir pas connue.

*

La pensée n'est jamais *innocente.* C'est parce qu'elle est sans pitié, c'est parce qu'elle est agression, quelle

22

nous aide à faire sauter nos entraves. Supprimerait-on ce qu'elle a de mauvais et même de démoniaque, qu'il faudrait renoncer au concept même de délivrance.

*

Le moyen le plus sûr de ne pas se tromper est de miner certitude après certitude.

Il n'en demeure pas moins que tout ce qui compte fut fait *en dehors* du doute.

*

Depuis longtemps, depuis toujours, j'ai conscience que l'ici-bas n'est pas ce qu'il me fallait et que je ne saurais m'y faire ; c'est par là, et par là uniquement, que j'ai acquis un rien d'orgueil spirituel, et que mon existence m'apparaît comme la dégradation et l'usure d'un psaume.

*

Nos pensées, à la solde de notre panique, s'orientent vers le futur, suivent le chemin de toute crainte, débouchent sur la mort. Et c'est inverser leurs cours, c'est les faire reculer, que de les diriger vers la naissance et de les obliger à s'y fixer. Elles perdent par là même cette vigueur, cette tension inapaisable qui gît au fond de l'horreur de la mort, et qui est utile à nos pensées si elles veulent se dilater, s'enrichir, gagner en force. On comprend alors pourquoi, en parcourant un trajet contraire, elles manquent d'allant, et sont si lasses quand elles butent enfin contre leur frontière primitive, qu'elles n'ont plus d'énergie pour regarder par-delà, vers le jamais-né.

*

Ce ne sont pas mes commencements, c'est le commencement qui m'importe. Si je me heurte à ma naissance, à une obsession mineure, c'est faute de pouvoir me colleter avec le premier moment du temps. Tout malaise individuel se ramène, en dernière instance, à un malaise cosmogonique, chacune de nos sensations expiant ce forfait de la sensation primordiale, par quoi l'être se glissa hors d'on ne sait où...

*

Nous avons beau nous préférer à l'univers, nous nous haïssons néanmoins beaucoup plus que nous ne pensons. Si le sage est une apparition tellement insolite, c'est qu'il semble inentamé par l'aversion, qu'à l'égal de tous les êtres, il doit nourrir pour lui-même.

*

Nulle différence entre l'être et le non-être, si on les appréhende avec une égale intensité.

*

Le non-savoir est le fondement de tout, il crée le tout par un acte qu'il répète à chaque instant, il produit ce monde et n'importe quel monde, puisqu'il ne cesse de prendre pour réel ce qui ne l'est pas. Le non-savoir est la gigantesque méprise qui sert de base à toutes nos vérités, le non-savoir est plus ancien et plus puissant que tous les dieux réunis.

*

On reconnaît à ceci celui qui a des dispositions pour la quête intérieure : il mettra au-dessus de n'importe quelle réussite l'échec, il le cherchera même, inconsciemment s'entend. C'est que l'échec, toujours *essentiel*, nous dévoile à nous-mêmes, il nous permet de nous voir comme Dieu nous voit, alors que le succès nous éloigne de ce qu'il y a de plus intime en nous et en tout.

*

Il fut un temps où le temps n'était pas encore... Le refus de la naissance n'est rien d'autre que la nostalgie de ce temps d'avant le temps.

*

Je pense à tant d'amis qui ne sont plus, et je m'apitoie sur eux. Pourtant ils ne sont pas tellement à plaindre, car ils ont résolu tous les problèmes, en commençant par celui de la mort.

*

Il y a dans le fait de naître une telle absence de nécessité, que lorsqu'on y songe un peu plus que de coutume, faute de savoir comment réagir, on s'arrête à un sourire niais.

*

Deux sortes d'esprits : diurnes et nocturnes. Ils n'ont ni la même méthode ni la même éthique. En plein jour, on se surveille ; dans l'obscurité, ont dit tout. Les suites salutaires ou fâcheuses de ce qu'il pense importent peu à celui qui s'interroge aux heures où les autres sont la proie du sommeil. Aussi rumine-t-il sur la déveine d'être né sans se soucier du mal qu'il peut faire à autrui ou à soi-même. Après minuit commence la griserie des vérités pernicieuses.

*

A mesure qu'on accumule les années, on se forme une image de plus en plus sombre de l'avenir. Est-ce seulement pour se consoler d'en être exclu ? Oui en apparence, non en fait, car l'avenir a toujours été atroce, l'homme ne pouvant remédier à ses maux qu'en les aggravant, de sorte qu'à chaque époque l'existence est bien plus tolérable avant que ne soit trouvée la solution aux difficultés du moment.

*

Dans les grandes perplexités, astreins-toi à vivre comme si l'histoire était close et à réagir comme un monstre rongé par la sérénité.

*

Si, autrefois, devant un mort, je me demandais : « A quoi cela lui a-t-il servi de naître ? », la même question, maintenant, je me la pose devant n'importe quel vivant.

*

L'appesantissement sur la naissance n'est rien d'autre que le goût de l'insoluble poussé jusqu'à l'insanité.

*

A l'égard de la mort, j'oscille sans arrêt entre le « mystère » et le « rien du tout », entre les Pyramides et la Morgue.

*

Il est impossible de *sentir* qu'il fut un temps où l'on n'existait pas. D'où cet attachement au personnage qu'on était avant de naître.

*

« Méditez seulement une heure sur l'inexistence du *moi* et vous vous sentirez un autre homme », disait un jour à un visiteur occidental un bonze de la secte japonaise Kousha.

Sans avoir couru les couvents bouddhiques, combien de fois ne me suis-je pas arrêté sur l'irréalité du monde, donc du moi ? Je n'en suis pas devenu un autre homme, non, mais il m'en est resté effectivement ce sentiment que mon moi n'est réel d'aucune façon, et qu'en le perdant je n'ai rien perdu, sauf quelque chose, sauf *tout*.

*

Au lieu de m'en tenir au fait de naître, comme le bon sens m'y invite, je me risque, je me traîne en arrière, je rétrograde de plus en plus vers je ne sais quel commencement, je passe d'origine en origine. Un jour, peut-être, réussirai-je à atteindre l'origine même, pour m'y reposer, ou m'y effondrer.

*

X m'insulte. Je m'apprête à le gifler. Réflexion faite, je m'abstiens.

Qui suis-je ? Quel est mon vrai moi : celui de la réplique ou celui de la reculade ? Ma première réaction est toujours énergique ; la seconde, flasque. Ce qu'on appelle « sagesse » n'est au fond qu'une perpétuelle « réflexion faite », c'est-à-dire la non-action comme premier mouvement.

*

Si l'attachement est un mal, il faut en chercher la cause dans le scandale de la naissance, car naître c'est s'attacher. Le détachement devrait donc s'appliquer à faire disparaître les traces de ce scandale, le plus grave et le plus intolérable de tous.

*

Dans l'anxiété et l'affolement, le calme soudain à la pensée du fœtus qu'on a été.

*

En cet instant précis, aucun reproche venu des hommes ou des dieux ne saurait m'atteindre : j'ai aussi bonne conscience que si je n'avais jamais existé.

*

C'est une erreur de croire à une relation directe entre subir des revers et s'acharner contre la naissance. Cet acharnement a des racines plus profondes et plus lointaines, et il aurait lieu, n'eût-on l'ombre d'un grief contre l'existence. Il n'est même jamais plus virulent que dans les chances extrêmes.

*

Thraces et Bogomiles — je ne puis oublier que j'ai hanté les mêmes parages qu'eux, ni que les uns pleuraient sur les nouveau-nés et que les autres, pour innocenter Dieu, rendaient Satan responsable de l'infamie de la Création.

*

Durant les longues nuits des cavernes, des Hamlet en quantité devaient monologuer sans cesse, car il est permis de supposer que l'apogée du tourment métaphysique se situe bien avant cette fadeur universelle, consécutive à l'avènement de la Philosophie.

*

L'obsession de la naissance procède d'une exacerbation de la mémoire, d'une omniprésence du passé, ainsi que d'une avidité de l'impasse, de la *première* impasse. — Point d'ouverture, ni partant de joie, qui vienne du révolu mais uniquement du présent, et d'un avenir *émancipé du temps.*

*

Pendant des années, en fait pendant une vie, n'avoir pensé qu'aux derniers moments, pour constater, quand on en approche enfin, que cela aura été inutile, que la pensée de la mort aide à tout, sauf à mourir !

*

Ce sont nos malaises qui suscitent, qui créent la conscience ; leur œuvre une fois accomplie, ils s'affaiblissent et disparaissent l'un après l'autre. La conscience, elle, demeure et leur survit, sans se rappeler ce qu'elle leur doit, sans même l'avoir jamais su. Aussi ne cesse-t-elle de proclamer son autonomie, sa souveraineté, lors même qu'elle se déteste et qu'elle voudrait s'anéantir.

*

Selon la règle de saint Benoît, si un moine devenait fier ou seulement content du travail qu'il faisait, il devait s'en détourner et l'abandonner.

Voilà un danger que ne redoute pas celui qui aura vécu dans l'appétit de l'insatisfaction, dans l'orgie du remords et du dégoût.

*

S'il est vrai que Dieu répugne à prendre parti, je n'éprouverais nulle gêne en sa présence, tant il me plairait de l'imiter, d'être comme Lui, en tout, un sans-opinion.

*

Se lever, faire sa toilette et puis attendre quelque variété imprévue de cafard ou d'effroi.

Je donnerais l'univers entier et tout Shakespeare, pour un brin d'ataraxie.

*

La grande chance de Nietzsche d'avoir fini comme il a fini. Dans l'euphorie !

*

Se reporter sans cesse à un monde où rien encore ne s'abaissait à surgir, où l'on pressentait la conscience sans la désirer, où, vautré dans le virtuel, on jouissait de la plénitude nulle d'un moi antérieur au moi...

N'être pas né, rien que d'y songer, quel bonheur, quelle liberté, quel espace !

II

Si le dégoût du monde conférait à lui seul la sainteté, je ne vois pas comment je pourrais éviter la canonisation.

*

Personne n'aura vécu si près de son squelette que j'ai vécu du mien : il en est résulté un dialogue sans fin et quelques vérités que je n'arrive ni à accepter ni à refuser.

*

Il est plus aisé d'avancer avec des vices qu'avec des vertus. Les vices, accommodants de nature, s'entraident, sont pleins d'indulgence les uns à l'égard des autres, alors que les vertus, jalouses, se combattent et s'annulent, et montrent en tout leur incompatibilité et leur intolérance.

*

C'est s'emballer pour des bricoles que de croire à ce qu'on fait ou à ce que font les autres. On devrait fausser compagnie aux simulacres et même aux « réalités », se placer en dehors de tout et de tous, chasser ou broyer ses appétits, vivre, selon un adage hindou, avec aussi peu de désirs qu'un « éléphant solitaire ».

*

Je pardonne tout à X, à cause de son sourire démodé.

*

N'est pas humble celui qui se hait.

*

Chez certains, tout, absolument tout, relève de la physiologie : leur corps est leur pensée, leur pensée est leur corps.

*

Le Temps, fécond en ressources, plus inventif et plus charitable qu'on ne pense, possède une remarquable capacité de nous venir en aide, de nous procurer à toute heure quelque humiliation nouvelle.

*

J'ai toujours cherché les paysages d'avant Dieu. D'où mon faible pour le Chaos.

*

J'ai décidé de ne plus m'en prendre à personne depuis que j'ai observé que je finis toujours par ressembler à mon dernier ennemi.

*

Pendant bien longtemps j'ai vécu avec l'idée que j'étais l'être le plus normal qui fut jamais. Cette idée me donna le goût, voire la passion, de l'improductivité : à quoi bon se faire valoir dans un monde peuplé de fous, enfoncé dans la niaiserie ou le délire ? Pour qui se dépenser et à quelle fin ? Reste à savoir si je me suis entièrement libéré de cette certitude, salvatrice dans l'absolu, ruineuse dans l'immédiat.

*

Les violents sont en général des chétifs, des « crevés ». Ils vivent en perpétuelle combustion, aux dépens de leur corps, exactement comme les ascètes, qui, eux, s'exerçant à la quiétude, à la paix, s'y usent et s'y épuisent, autant que des furieux.

*

On ne devrait écrire des livres que pour y dire des choses qu'on n'oserait confier à personne.

*

Quand Mâra, le Tentateur, essaie de supplanter le Bouddha, celui-ci lui dit entre autres : « De quel droit prétends-tu régner sur les hommes et sur l'univers ? *Est-ce que tu as souffert pour la connaissance ?* »

C'est la question capitale, peut-être unique, que l'on devrait se poser lorsqu'on s'interroge sur n'importe qui, principalement sur un penseur. On ne saurait assez faire le départ entre ceux qui ont payé pour le moindre pas vers la connaissance et ceux, incomparablement plus nombreux, à qui fut départi un savoir commode, indifférent, un savoir *sans épreuves.*

*

On dit : Tel n'a pas de talent, il n'a qu'un ton. Mais le ton est justement ce qu'on ne saurait inventer, avec quoi on naît. C'est une grâce héritée, le privilège qu'ont certains de faire sentir leur pulsation organique, le ton c'est plus que le talent, c'en est l'essence.

*

Le même sentiment d'inappartenance, de jeu inutile, où que j'aille : je feins de m'intéresser à ce qui ne m'importe guère, je me trémousse par automatisme ou par charité, sans jamais être dans le coup, sans jamais être quelque part. Ce qui m'attire est ailleurs, et cet ailleurs je ne sais ce qu'il est.

*

Plus les hommes s'éloignent de Dieu, plus ils avancent dans la connaissance des religions.

*

« ... Mais Elohim sait que, le jour où vous en mangerez, vos yeux s'ouvriront. »
A peine se sont-ils ouverts, que le drame commence. Regarder *sans comprendre,* c'est cela le paradis. L'enfer serait donc le lieu où l'on comprend, où l'on comprend trop...

*

Je ne m'entends tout à fait bien avec quelqu'un que lorsqu'il est au plus bas de lui-même et qu'il n'a ni le désir ni la force de réintégrer ses illusions habituelles.

*

En jugeant sans pitié ses contemporains, on a toutes chances de faire, aux yeux de la postérité, figure d'esprit clairvoyant. Du même coup on renonce au côté hasardeux de l'admiration, aux risques merveilleux qu'elle suppose. Car l'admiration est une aventure, la plus imprévisible qui soit parce qu'il peut arriver qu'elle finisse bien.

*

Les idées viennent en marchant, disait Nietzsche. La marche dissipe la pensée, professait Sankara.
Les deux thèses sont également fondées, donc également vraies, et chacun peut s'en assurer dans l'espace d'une heure, parfois d'une minute...

*

Aucune espèce d'originalité littéraire n'est encore possible si on ne torture, si on ne broie pas le langage. Il en va autrement si l'on s'en tient à l'expression de l'idée comme telle. On se trouve là dans un secteur où les exigences n'ont pas varié depuis les présocratiques.

*

Que ne peut-on remonter avant le concept, écrire à même les sens, enregistrer les variations infimes de ce qu'on touche, faire ce que ferait un reptile s'il se mettait à l'ouvrage !

Tout ce que nous pouvons avoir de bon vient de notre indolence, de notre incapacité de passer à l'acte, de mettre à exécution nos projets et nos desseins. C'est l'impossibilité ou le refus de nous réaliser qui entretient nos « vertus », et c'est la volonté de donner notre maximum qui nous porte aux excès et aux dérèglements.

*

Ce « glorieux délire », dont parle Thérèse d'Avila pour marquer une des phases de l'union avec Dieu, c'est ce qu'un esprit desséché, forcément jaloux, ne pardonnera jamais à un mystique.

*

Pas un seul instant où je n'aie été conscient de me trouver hors du Paradis.

*

N'est profond, n'est véritable que ce que l'on cache D'où la force des sentiments vils.

*

Ama nesciri, dit *l'Imitation.* Aime à être ignoré. On n'est content de soi et du monde que lorsqu'on se conforme à ce précepte.

*

La valeur intrinsèque d'un livre ne dépend pas de l'importance du sujet (sans quoi les théologiens l'emporteraient, et de loin), mais de la manière d'aborder l'accidentel et l'insignifiant, de maîtriser l'infime. L'*essentiel* n'a jamais exigé le moindre talent.

*

Le sentiment d'avoir dix mille ans de retard, ou d'avance, sur les autres, d'appartenir aux débuts ou à la fin de l'humanité...

*

La négation ne sort jamais d'un raisonnement mais d'on ne sait quoi d'obscur et d'ancien. Les arguments viennent après, pour la justifier et l'étayer. Tout *non* surgit du sang.

*

A la faveur de l'érosion de la mémoire, se *rappeler* les premières initiatives de la matière et le risque de vie qui s'en est suivi...

*

Toutes les fois que je ne songe pas à la mort, j'ai l'impression de tricher, de tromper quelqu'un en moi.

*

Il est des nuits que le plus ingénieux des tortionnaires n'aurait pu inventer. On en sort en miettes, stupide, égaré, sans souvenirs ni pressentiments, et sans même savoir qui on est. Et c'est alors que le jour paraît inutile, la lumière pernicieuse, et plus oppressante encore que les ténèbres.

*

Un puceron *conscient* aurait à braver exactement les mêmes difficultés, le même genre d'insoluble que l'homme.

*

Il vaut mieux être animal qu'homme, insecte qu'animal, plante qu'insecte, et ainsi de suite.

Le salut? Tout ce qui amoindrit le règne de la conscience et en compromet la suprématie.

*

J'ai tous les défauts des autres et cependant tout ce qu'ils font me paraît inconcevable.

*

A regarder les choses selon la nature, l'homme a été fait pour vivre tourné vers l'extérieur. S'il veut voir en lui-même, il lui faut fermer les yeux, renoncer à entreprendre, sortir du courant. Ce qu'on appelle « vie intérieure » est un phénomène tardif qui n'a été possible que par un ralentissement de nos activités vitales, « l'âme » n'ayant pu émerger ni s'épanouir qu'aux dépens du bon fonctionnement des organes.

*

La moindre variation atmosphérique remet en cause mes projets, je n'ose dire mes convictions. Cette forme de dépendance, la plus humiliante qui soit, ne laisse pas de m'abattre, en même temps qu'elle dissipe le peu d'illusions qui me restaient sur mes possibilités d'être

42

libre, et sur la liberté tout court. A quoi bon se rengorger si on est à la merci de l'Humide et du Sec? On souhaiterait esclavage moins lamentable, et des dieux d'un autre acabit.

*

Ce n'est pas la peine de se tuer, puisqu'on se tue toujours trop tard.

*

Quand on sait de façon absolue que tout est irréel, on ne voit vraiment pas pourquoi on se fatiguerait à le prouver.

*

A mesure qu'elle s'éloigne de l'aube et qu'elle avance dans la journée, la lumière se prostitue, et ne se rachète — éthique du crépuscule — qu'au moment de disparaître.

*

Dans les écrits bouddhiques, il est souvent question de « l'abîme de la naissance ». Elle est bien un abîme, un gouffre, où l'on ne tombe pas, d'où au contraire l'on émerge, au plus grand dam de chacun.

*

A des intervalles de plus en plus espacés, accès de gratitude envers Job et Chamfort, envers la vocifération et le vitriol...

*

Chaque opinion, chaque vue est nécessairement partielle, tronquée, insuffisante. En philosophie et en n'importe quoi, l'originalité se ramène à des définitions incomplètes.

*

A bien considérer nos actes dits généreux, il n'en est aucun qui, par un certain côté, ne soit blâmable et même nuisible, de nature à nous inspirer le regret de l'avoir exécuté, si bien que nous n'avons à opter en définitive qu'entre l'abstention et le remords.

*

La force explosive de la moindre mortification. Tout désir vaincu rend puissant. On a d'autant plus de prise sur ce monde qu'on s'en éloigne, qu'on n'y adhère pas. Le renoncement confère un pouvoir infini.

*

Mes déceptions, au lieu de converger vers un centre et de se constituer, sinon en système, tout au moins en un ensemble, se sont éparpillées, chacune se croyant unique et se perdant ainsi, faute d'organisation.

*

Seules réussissent les philosophies et les religions qui nous flattent, que ce soit au nom du progrès ou de l'enfer. Damné ou non, l'homme éprouve un besoin absolu d'être au cœur de tout. C'est même uniquement pour cette raison qu'il est homme, qu'il est *devenu* homme. Et si un jour il ne ressentait plus ce besoin, il lui faudrait s'effacer au profit d'un autre animal plus orgueilleux et plus fou.

*

Il répugnait aux vérités objectives, à la corvée de l'argumentation, aux raisonnements soutenus. Il n'aimait pas démontrer, il ne tenait à convaincre personne. *Autrui* est une invention de dialecticien.

*

Plus on est lésé par le temps, plus on veut y échapper. Ecrire une page sans défaut, une phrase seulement, vous élève au-dessus du devenir et de ses corruptions. On transcende la mort par la recherche de l'indestructible à travers le verbe, à travers le symbole même de la caducité.

*

Au plus vif d'un échec, au moment où la honte menace de nous terrasser, tout à coup nous emporte une frénésie d'orgueil, qui ne dure pas longtemps, juste assez pour nous vider, pour nous laisser sans énergie, pour faire baisser, avec nos forces, l'intensité de notre honte.

*

Si la mort est aussi horrible qu'on le prétend, comment se fait-il qu'au bout d'un certain temps nous estimons *heureux* n'importe quel être, ami ou ennemi, qui a cessé de vivre ?

*

Plus d'une fois, il m'est arrivé de sortir de chez moi, parce que si j'y étais resté, je n'étais pas sûr de pouvoir résister à quelque résolution *soudaine*. La rue est plus rassurante, parce qu'on y pense moins à soi-même, et que tout s'y affaiblit et s'y dégrade, en commençant par le désarroi.

*

C'est le propre de la maladie de veiller quand tout dort, quand tout se repose, même le malade.

*

Jeune, on prend un certain plaisir aux infirmités. Elles semblent si nouvelles, si riches ! Avec l'âge, elles ne surprennent plus, on les connaît trop. Or, sans un soupçon d'imprévu, elles ne méritent pas d'être endurées.

*

Dès qu'on fait appel au plus intime de soi, et qu'on se met à œuvrer et à se manifester, on s'attribue des dons, on devient insensible à ses propres lacunes. Nul n'est à même d'admettre que ce qui surgit de ses profondeurs pourrait ne rien valoir. La « connaissance de soi » ? Une contradiction dans les termes.

*

Tous ces poèmes où il n'est question que du Poème, toute une poésie qui n'a d'autre matière qu'elle-même. Que dirait-on d'une prière dont l'objet serait la religion ?

*

L'esprit qui met tout en question en arrive, au bout de mille interrogations, à une veulerie quasi totale, à une situation que le veule précisément connaît d'emblée, par instinct. Car la veulerie, qu'est-elle sinon une perplexité congénitale ?

*

Quelle déception qu'Epicure, le sage dont j'ai le plus besoin, ait écrit plus de trois cents traités ! Et quel soulagement qu'ils se soient perdus !

*

— Que faites-vous du matin au soir ?
— Je me subis.

*

Mot de mon frère à propos des troubles et des maux qu'endura notre mère : « La vieillesse est l'autocritique de la nature. »

*

« Il faut être ivre ou fou, disait Sieyès, pour bien parler dans les langues connues. »
Il faut être ivre ou fou, ajouterai-je, pour oser encore se servir de mots, de n'importe quel mot.

*

Le fanatique du cafard elliptique est appelé à exceller dans n'importe quelle carrière, sauf dans celle d'écrivain.

*

Ayant toujours vécu avec la crainte d'être surpris par le pire, j'ai, en toute circonstance, essayé de prendre les devants, en me jetant dans le malheur bien avant qu'il ne survînt.

*

On ne jalouse pas ceux qui ont la faculté de prier, alors qu'on est plein d'envie pour les possesseurs de biens, pour ceux qui connaissent richesse et gloire. Il est étrange qu'on se résigne au salut d'un autre, et non à quelques avantages fugitifs dont il peut jouir.

*

Je n'ai pas rencontré un seul esprit *intéressant* qui n'ait été largement pourvu en déficiences inavouables.

*

Il n'est pas d'art vrai sans une forte dose de banalité. Celui qui use de l'insolite d'une manière constante lasse vite, rien n'étant plus insupportable que l'uniformité de l'exceptionnel.

*

L'inconvénient de pratiquer une langue d'emprunt est de n'avoir pas le droit d'y faire trop de fautes. Or, c'est en cherchant l'incorrection sans pourtant en abuser, c'est en frôlant à chaque moment le solécisme, qu'on donne une apparence de vie à l'écriture.

*

Chacun croit, d'une façon inconsciente s'entend, qu'il poursuit seul la vérité, que les autres sont incapables de la rechercher et indignes de l'atteindre. Cette folie est si enracinée et si utile, qu'il est impossible de se représenter ce qu'il adviendrait de chacun de nous, si elle disparaissait un jour.

*

Le premier penseur fut sans nul doute le premier maniaque du *pourquoi*. Manie inhabituelle, nullement contagieuse. Rares en effet sont ceux qui en souffrent, qui sont rongés par l'interrogation, et qui ne peuvent accepter aucune donnée parce qu'ils sont nés dans la consternation.

*

Etre objectif, c'est traiter l'autre comme on traite un objet, un macchabée, c'est se comporter à son égard en croque-mort.

*

Cette seconde-ci a disparu pour toujours, elle s'est perdue dans la masse anonyme de l'irrévocable. Elle ne reviendra jamais. J'en souffre et n'en souffre pas. Tout est unique — et insignifiant.

*

Emily Brontë. Tout ce qui émane d'Elle a la propriété de me bouleverser. Haworth est mon lieu de pèlerinage.

Longer une rivière, passer, couler avec l'eau, sans effort, sans précipitation, tandis que la mort continue en nous ses ruminations, son soliloque ininterrompu.

*

Dieu seul a le privilège de nous abandonner. Les hommes ne peuvent que nous lâcher.

*

Sans la faculté d'oublier, notre passé pèserait d'un poids si lourd sur notre présent que nous n'aurions pas la force d'aborder un seul instant de plus, et encore moins d'y entrer. La vie ne paraît supportable qu'aux natures légères, à celles précisément qui ne se souviennent pas.

*

Plotin, raconte Porphyre, avait le don de lire dans les âmes. Un jour, sans autre préambule, il dit à son disciple, grandement surpris, de ne pas tenter de se tuer et d'entreprendre plutôt un voyage. Porphyre partit pour la Sicile : il s'y guérit de sa mélancolie mais, ajoute-t-il plein de regret, il manqua ainsi la mort de son maître, survenue pendant son absence.

Il y a longtemps que les philosophes ne lisent plus dans les âmes. Ce n'est pas leur métier, dira-t-on. C'est possible. Mais aussi qu'on ne s'étonne pas s'ils ne nous importent plus guère.

*

Une œuvre n'existe que si elle est préparée dans l'ombre avec l'attention, avec le soin de l'assassin qui médite son coup. Dans les deux cas, ce qui prime, c'est la volonté de *frapper.*

*

La connaissance de soi, la plus amère de toutes, est aussi celle que l'on cultive le moins : à quoi bon se surprendre du matin au soir en flagrant délit d'illusion, remonter sans pitié à la racine de chaque acte, et perdre cause après cause devant son propre tribunal ?

*

Toutes les fois que j'ai un trou de mémoire, je pense à l'angoisse que doivent ressentir ceux qui *savent* qu'ils ne se souviennent plus de rien. Mais quelque chose me dit qu'au bout d'un certain temps une joie secrète les possède, qu'ils n'accepteraient d'échanger contre aucun de leurs souvenirs, même le plus exaltant.

*

Se prétendre plus détaché, plus étranger à tout que n'importe qui, et n'être qu'un forcené de l'indifférence !

*

Plus on est travaillé par des impulsions contradictoires, moins on sait à laquelle céder. *Manquer de caractère,* c'est cela et rien d'autre.

*

Le temps pur, le temps décanté, liberté d'événements, d'êtres et de choses, ne se signale qu'à certains moments de la nuit, quand vous le sentez avancer, avec l'unique souci de vous entraîner vers une catastrophe exemplaire.

III

Sentir brusquement qu'on en sait autant que Dieu sur toutes choses et tout aussi brusquement voir disparaître cette sensation.

*

Les penseurs de première main méditent sur des choses ; les autres, sur des problèmes. Il faut vivre face à l'être, et non face à l'esprit.

*

« Qu'attends-tu pour te rendre ? » — Chaque maladie nous envoie une sommation déguisée en interrogation. Nous faisons la sourde oreille, tout en pensant que la farce est par trop usée, et que la prochaine fois il faudra avoir enfin le courage de capituler.

*

Plus je vais, moins je réagis au délire. Je n'aime plus, parmi les penseurs, que les volcans refroidis.

*

Jeune, je m'ennuyais à mourir, mais je croyais en moi. Si je n'avais pas le pressentiment du personnage falot que j'allais devenir, je savais en revanche que, quoi qu'il advînt, la Perplexité ne me laisserait pas en plan, qu'elle veillerait sur mes années avec l'exactitude et le zèle de la Providence.

*

Si l'on pouvait se voir avec les yeux des autres, on disparaîtrait sur-le-champ.

*

Je disais à un ami italien que les Latins sont *sans secret*, car trop ouverts, trop bavards, que je leur préfère les peuples ravagés par la timidité, et qu'un écrivain qui ne la connaît pas dans la vie ne vaut rien dans ses écrits. « C'est vrai, me répondit-il. Quand, dans nos livres, nous relatons nos expériences, cela manque d'intensité et de prolongements, car nous les avons racontées cent fois auparavant. » Et là-dessus nous parlâmes de la littérature féminine, de son absence de mystère dans les pays où ont sévi les salons et le confessionnal.

*

On ne devrait pas, a remarqué je ne sais plus qui, se priver du « plaisir de la piété ».
A-t-on jamais justifié d'une manière plus délicate la religion ?

*

Cette envie de réviser ses emballements, de changer d'idoles, de prier *ailleurs*...

*

S'étendre dans un champ, humer la terre et se dire qu'elle est bien le terme et l'espoir de nos accablements, et qu'il serait vain de chercher quelque chose de mieux pour se reposer et se dissoudre.

*

Quand il m'arrive d'être occupé, je ne pense pas un instant au « sens » de quoi que ce soit, et encore moins, il va sans dire, de ce que je suis en train de faire. Preuve que le secret de tout réside dans l'acte et non dans l'abstention, cause funeste de la conscience.

*

La physionomie de la peinture, de la poésie, de la musique, dans un siècle ? Nul ne peut se la figurer. Comme après la chute d'Athènes ou de Rome, une longue pause interviendra, à cause de l'exténuation des moyens d'expression, ainsi que de l'exténuation de la conscience elle-même. L'humanité, pour renouer avec le passé, devra s'inventer une seconde naïveté, sans quoi elle ne pourra jamais recommencer les arts.

*

Dans une des chapelles de cette église laide à souhait, on voit la Vierge se dressant avec son Fils au-dessus du globe terrestre. Une secte agressive qui a miné et conquis un empire et en a hérité les tares, en commençant par le gigantisme.

*

Il est dit dans le *Zohar*, « Dès que l'homme a paru aussitôt ont paru les fleurs. »

Je croirais plutôt qu'elles étaient là bien avant lui, et que sa venue les plongea toutes dans une stupéfaction dont elles ne sont pas encore revenues.

*

Il est impossible de lire une ligne de Kleist, sans penser qu'il s'est tué. C'est comme si son suicide avait précédé son œuvre.

*

En Orient, les penseurs occidentaux les plus curieux, les plus étranges, n'auraient jamais été pris au sérieux, à cause de leurs contradictions. Pour nous, c'est là précisément que réside la raison de l'intérêt que nous leur portons. Nous n'aimons pas une pensée, mais les péripéties, la *biographie* d'une pensée, les incompatibilités et les aberrations qui s'y trouvent, en somme les esprits qui, ne sachant comment se mettre en règle avec les autres et encore moins avec eux-mêmes, trichent autant par caprice que par fatalité. Leur marque distinctive ? Un soupçon de feinte dans le tragique, un rien de jeu jusque dans l'incurable...

*

Si, dans ses *Fondations*, Thérèse d'Avila s'arrête longuement sur la mélancolie, c'est parce qu'elle la trouve inguérissable. Les médecins, dit-elle, n'y peuvent rien, et la supérieure d'un couvent, en présence de malades de ce genre, n'a qu'un recours : leur inspirer la crainte de l'autorité, les menacer, leur faire peur. La méthode que préconise la sainte reste encore la meilleure : en face d'un « dépressif », on sent bien que seuls seraient efficaces les coups de pied, les gifles, un bon passage à tabac. Et c'est d'ailleurs ce que fait ce « dépressif » lui-même quand il décide d'en finir : il emploie les grands moyens.

*

Par rapport à n'importe quel acte de la vie, l'esprit joue le rôle de trouble-fête.

*

Les éléments, fatigués de ressasser un thème éculé, dégoûtés de leurs combinaisons toujours les mêmes, sans variation ni surprise, on les imagine très bien cherchant quelque divertissement : la vie ne serait qu'une digression, qu'une anecdote...

*

Tout ce qui se fait me semble pernicieux et, dans le meilleur des cas, inutile. A la rigueur, je peux m'agiter mais je ne peux agir. Je comprends bien, trop bien, le mot de Wordsworth sur Coleridge : *Eternal activity without action.*

*

Toutes les fois que quelque chose me semble encore possible, j'ai l'impression d'avoir été ensorcelé.

*

L'unique confession sincère est celle que nous faisons indirectement — en parlant des autres.

*

Nous n'adoptons pas une croyance parce qu'elle est vraie (elles le sont toutes), mais parce qu'une force obscure nous y pousse. Que cette force vienne à nous quitter, et c'est la prostration et le krach, le tête-à-tête avec ce qui reste de nous-même.

*

« C'est le propre de toute forme parfaite que l'esprit s'en dégage de façon immédiate et directe, tandis que la forme vicieuse le retient prisonnier, tel un mauvais miroir qui ne nous rappelle rien d'autre que lui-même. »

En faisant cet éloge — si peu allemand — de la limpidité, Kleist n'avait pas songé spécialement à la philosophie, ce n'est en tout cas pas elle qu'il visait ; il n'empêche que c'est la meilleure critique qu'on ait faite du jargon philosophique, pseudo-langage qui, voulant refléter des idées, ne réussit qu'à prendre du relief à leurs dépens, qu'à les dénaturer et à les obscurcir, qu'à se mettre lui-même en valeur. Par une des usurpations les plus affligeantes, le mot est devenu vedette dans un domaine où il devrait être imperceptible.

*

« O Satan, mon Maître, je me donne à toi pour toujours ! » — Que je regrette de n'avoir pas retenu le nom de la religieuse qui, ayant écrit cela avec un clou trempé dans son sang, mériterait de figurer dans une anthologie de la prière et du laconisme !

*

La conscience est bien plus que l'écharde, elle est le *poignard* dans la chair.

*

Il y a de la férocité dans tous les états, sauf dans la joie. Le mot *Schadenfreude*, joie maligne, est un contre-sens. Faire le mal est un plaisir, non une joie. La joie, seule vraie victoire sur le monde, est pure dans son essence, elle est donc irréductible au plaisir, toujours suspect et en lui-même et dans ses manifestations.

*

Une existence constamment transfigurée par l'échec.

*

Le sage est celui qui consent à tout, parce qu'il ne s'identifie avec rien. Un opportuniste *sans désirs.*

*

Je ne connais qu'une vision de la poésie qui soit entièrement satisfaisante : c'est celle d'Emily Dickinson quand elle dit qu'en présence d'un vrai poème elle est saisie d'un tel froid qu'elle a l'impression que plus aucun feu ne pourra la réchauffer.

*

Le grand tort de la nature est de n'avoir pas su se borner à un seul règne. A côté du végétal, tout paraît inopportun, mal venu. Le soleil aurait dû bouder à l'avènement du premier insecte, et déménager à l'irruption du chimpanzé.

*

Si, à mesure qu'on vieillit, on fouille de plus en plus son propre passé au détriment des « problèmes », c'est sans doute parce qu'il est plus facile de remuer des souvenirs que des idées.

*

Les derniers auxquels nous pardonnons leur infidélité à notre égard sont ceux que nous avons déçus.

*

Ce que les autres font, nous avons toujours l'impression que nous pourrions le faire mieux. Nous n'avons malheureusement pas le même sentiment à l'égard de ce que nous faisons nous-même.

*

« J'étais Prophète, nous avertit Mahomet, quand Adam était encore entre l'eau et l'argile. »
... Quand on n'a pas eu l'orgueil de fonder une religion — ou tout au moins d'en ruiner une — comment ose-t-on se montrer à la lumière du jour?

*

Le détachement ne s'apprend pas : il est inscrit dans une civilisation. On n'y tend pas, on le découvre en soi. C'est ce que je me disais en lisant qu'un missionnaire, au Japon depuis dix-huit ans, ne pouvait compter, en tout et pour tout, que soixante convertis, âgés par-dessus le marché. Encore lui échappèrent-ils au dernier moment : ils moururent à la manière nippone, sans remords, sans tourments, en dignes descendants de leurs ancêtres qui, pour s'aguerrir au temps des luttes contre les Mongols, se laissaient imprégner du néant de toutes choses et de leur propre néant.

*

On ne peut ruminer sur l'éternité qu'allongé. Elle a été pendant une période considérable le souci principal des Orientaux : n'affectionnaient-ils pas la position horizontale ?

Dès qu'on s'étend, le temps cesse de couler, et de compter. L'histoire est le produit d'une engeance *debout*.

En tant qu'animal vertical, l'homme devait prendre l'habitude de regarder devant soi, non seulement dans l'espace mais encore dans le temps. A quelle piètre origine remonte l'Avenir !

*

Tout misanthrope, si sincère soit-il, rappelle par moments ce vieux poète cloué au lit et complètement oublié, qui, furieux contre ses contemporains, avait décrété qu'il ne voulait plus en recevoir aucun. Sa femme, par charité, allait sonner de temps en temps à la porte.

*

Un ouvrage est fini quand on ne peut plus l'améliorer, bien qu'on le sache insuffisant et incomplet. On en est tellement excédé, qu'on n'a plus le courage d'y ajouter une seule virgule, fût-elle indispensable. Ce qui décide du degré d'achèvement d'une œuvre, ce n'est nullement une exigence d'art ou de vérité, c'est la fatigue et, plus encore, le dégoût.

*

Alors que la moindre phrase qu'on doit écrire exige un simulacre d'invention, il suffit en revanche d'un peu d'attention pour entrer dans un texte, même difficile. Griffonner une carte postale se rapproche plus d'une activité créatrice que lire la *Phénoménologie de l'esprit*.

*

Le bouddhisme appelle la colère « souillure de l'esprit » ; le manichéisme, « racine de l'arbre de mort ». Je le sais. Mais à quoi me sert-il de le savoir ?

*

Elle m'était complètement indifférente. Songeant tout à coup, après tant d'années, que, quoi qu'il arrive, je ne la reverrai plus jamais, j'ai failli me trouver mal. Nous ne comprenons ce qu'est la mort qu'en nous rappelant soudain la figure de quelqu'un qui n'aura été rien pour nous.

*

A mesure que l'art s'enfonce dans l'impasse, les artistes se multiplient. Cette anomalie cesse d'en être une, si l'on songe que l'art, en voie d'épuisement, est devenu à la fois impossible et facile.

*

Nul n'est responsable de ce qu'il est ni même de ce qu'il fait. Cela est évident et tout le monde en convient plus ou moins. Pourquoi alors célébrer ou dénigrer ? Parce qu'exister équivaut à évaluer, à émettre des jugements, et que l'abstention, quand elle n'est pas l'effet de l'apathie ou de la lâcheté, exige un effort que personne n'entend fournir.

*

Toute forme de hâte, même vers le bien, trahit quelque dérangement mental.

*

Les pensées les moins impures sont celles qui surgissent entre nos tracas, dans les intervalles de nos ennuis, dans ces moments de luxe que s'offre notre misère.

*

Les douleurs imaginaires sont de loin les plus réelles, puisqu'on en a un besoin constant et qu'on les invente parce qu'il n'y a pas moyen de s'en passer.

*

Si c'est le propre du sage de ne rien faire d'inutile, personne ne me surpassera en sagesse : je ne m'abaisse pas même aux choses utiles.

*

Impossible d'imaginer un animal dégradé, un sous-animal.

*

Si on avait pu naître avant l'homme !

*

J'ai beau faire, je n'arrive pas à mépriser tous ces siècles pendant lesquels on ne s'est employé à rien d'autre qu'à mettre au point une définition de Dieu.

*

La façon la plus efficace de se soustraire à un abattement motivé ou gratuit, est de prendre un dictionnaire, de préférence d'une langue que l'on connaît à peine, et d'y chercher des mots et des mots, en faisant bien attention qu'ils soient de ceux dont on ne se servira jamais...

*

Tant qu'on vit en deçà du terrible, on trouve des mots pour l'exprimer ; dès qu'on le connaît du dedans, on n'en trouve plus aucun.

*

Il n'y a pas de chagrin limite.

*

Les inconsolations de toute sorte passent, mais le fond dont elles procèdent subsiste toujours, et rien n'a de prise sur lui. Il est inattaquable et inaltérable. Il est notre *fatum.*

*

Se souvenir, et dans la fureur et dans la désolation, que la nature, comme dit Bossuet, ne consentira pas à nous laisser longtemps « ce peu de matière qu'elle nous prête ».

« Ce peu de matière » — à force d'y penser on en arrive au calme, à un calme, il est vrai, qu'il vaudrait mieux n'avoir jamais connu.

*

Le paradoxe n'est pas de mise aux enterrements, ni du reste aux mariages ou aux naissances. Les événements sinistres — ou grotesques — exigent le lieu commun, le terrible, comme le pénible, ne s'accommodant que du cliché.

*

Si détrompé qu'on soit, il est impossible de vivre sans aucun espoir. On en garde toujours un, à son insu, et cet espoir inconscient compense tous les autres, explicites, qu'on a rejetés ou épuisés.

*

Plus quelqu'un est chargé d'années, plus il parle de sa disparition comme d'un événement lointain, hautement improbable. Il a tellement attrapé le pli de la vie, qu'il en est devenu inapte à la mort.

*

Un aveugle, véritable pour une fois, tendait la main : dans son attitude, dans sa rigidité, il y avait quelque chose qui vous saisissait, qui vous coupait la respiration. Il vous passait sa cécité.

*

Nous ne pardonnons qu'aux enfants et aux fous d'être francs avec nous : les autres, s'ils ont l'audace de les imiter, s'en repentiront tôt ou tard.

*

Pour être « heureux », il faudrait constamment avoir présente à l'esprit l'image des malheurs auxquels on a échappé. Ce serait là pour la mémoire une façon de se racheter, vu que, ne conservant d'ordinaire que les malheurs survenus, elle s'emploie à saboter le bonheur et qu'elle y réussit à merveille.

*

Après une nuit blanche, les passants paraissent des automates. Aucun n'a l'air de respirer, de marcher. Chacun semble mû par un ressort : rien de spontané ; sourires mécaniques, gesticulations de spectres. Spectre toi-même, comment dans les autres verrais-tu des vivants ?

*

Etre stérile — avec tant de sensations ! Perpétuelle poésie sans mots.

*

La fatigue pure, sans cause, la fatigue qui survient comme un cadeau ou un fléau : c'est par elle que je réintègre mon moi, que je me sais « moi ». Dès qu'elle s'évanouit, je ne suis plus qu'un objet inanimé.

*

Tout ce qui est encore vivant dans le folklore vient d'avant le christianisme. — Il en est de même de tout ce qui est vivant en chacun de nous.

*

Celui qui redoute le ridicule n'ira jamais loin en bien ni en mal, il restera en deçà de ses talents, et lors même qu'il aurait du génie, il serait encore voué à la médiocrité.

*

« Au milieu de vos activités les plus intenses, arrêtez-vous un moment pour " regarder " votre esprit », — cette recommandation ne s'adresse certainement pas à ceux qui « regardent » leur esprit nuit et jour, et qui de ce fait n'ont pas à suspendre un instant leurs activités, pour la bonne raison qu'ils n'en déploient aucune.

*

Ne dure que ce qui a été conçu dans la solitude, *face à Dieu*, que l'on soit croyant ou non.

*

La passion de la musique est déjà en elle-même un *aveu*. Nous en savons plus long sur un inconnu qui s'y adonne que sur quelqu'un qui y est insensible et que nous côtoyons tous les jours.

*

Point de méditation sans un penchant au ressassement.

*

Tant que l'homme était à la remorque de Dieu, il avançait lentement, si lentement qu'il ne s'en apercevait même pas. Depuis qu'il ne vit plus dans l'ombre de personne, il se dépêche, et s'en désole, et donnerait n'importe quoi pour retrouver l'ancienne cadence.

*

Nous avons perdu en naissant autant que nous perdrons en mourant. Tout.

*

Satiété — je viens à l'instant de prononcer ce mot, et déjà je ne sais plus à propos de quoi, tant il s'applique à tout ce que je ressens et pense, à tout ce que j'aime et déteste, à la satiété elle-même.

*

Je n'ai tué personne, j'ai fait mieux : j'ai tué le Possible, et, tout comme Macbeth, ce dont j'ai le plus besoin est de prier, mais, pas plus que lui, je ne peux dire *Amen*.

IV

Distribuer des coups dont aucun ne porte, attaquer tout le monde sans que personne s'en aperçoive, lancer des flèches dont on est seul à recevoir le poison !

*

X, que j'ai toujours traité aussi mal que possible, ne m'en veut pas parce qu'il n'en veut à personne. Il pardonne toutes les injures, il ne se souvient d'aucune. Que je l'envie ! Pour l'égaler, il me faudrait parcourir plusieurs existences, et épuiser toutes mes possibilités de transmigration.

*

Du temps que je partais en vélo pour des mois à travers la France, mon plus grand plaisir était de m'arrêter dans des cimetières de campagne, de m'allonger entre deux tombes, et de fumer ainsi des heures durant. J'y pense comme à l'époque la plus active de ma vie.

*

Comment se dominer, comment être maître de soi, quand on vient d'une contrée où l'on rugit aux enterrements?

*

Certains matins, à peine ai-je mis le pied dehors, que j'entends des voix qui m'appellent par mon nom. Suis-je vraiment moi? Est-ce bien mon nom? C'est lui, en effet, il remplit l'espace, il est sur les lèvres des passants. Tous l'articulent, même cette femme dans la cabine voisine, au bureau de poste.

Les veilles dévorent nos derniers restes de bon sens et de modestie, et elles nous feraient perdre la raison, si la peur du ridicule ne venait nous sauver.

*

Ma curiosité et ma répulsion, ma terreur aussi devant son regard d'huile et de métal, devant son obséquiosité, sa ruse sans vernis, son hypocrisie étrangement non voilée, ses continuelles et évidentes dissimulations, devant ce mélange de canaille et de fou. Imposture et infamie en pleine lumière. Son insincérité est perceptible dans tous ses gestes, dans toutes ses paroles. Le mot n'est pas exact, car être insincère c'est cacher la vérité, c'est la connaître, mais en lui nulle trace, nulle idée, nul soupçon de vérité, ni de mensonge d'ailleurs, rien, sinon une âpreté immonde, une démence *intéressée*...

*

Vers minuit une femme en pleurs m'aborde dans la rue : « Ils ont zigouillé mon mari, la France est dégueulasse, heureusement que je suis bretonne, ils

74

m'ont enlevé mes enfants, ils m'ont droguée pendant six mois... »

Ne m'étant pas aperçu tout de suite qu'elle était folle, tant son chagrin paraissait réel (et, en un sens, il l'était), je l'ai laissée monologuer pendant une bonne demi-heure : parler lui faisait du bien. Puis, je l'ai abandonnée, en me disant que la différence entre elle et moi serait bien mince si, à mon tour, je me mettais à débiter mes récriminations devant le premier venu.

*

Un professeur d'un pays de l'Est me raconte que sa mère, une paysanne, fut très étonnée d'apprendre qu'il souffrait d'insomnie. Lorsque le sommeil ne venait pas, elle n'avait, elle, qu'à se représenter un vaste champ de blé ondulé par le vent, et elle s'endormait aussitôt après.

Ce n'est pas avec l'image d'une ville qu'on parviendrait au même résultat. Il est inexplicable, il est miraculeux qu'un citadin arrive jamais à fermer l'œil.

*

Le bistrot est fréquenté par les vieillards qui habitent l'asile au bout du village. Ils sont là, un verre à la main, se regardant sans se parler. Un d'eux se met à raconter je ne sais quoi qui se voudrait drôle. Personne ne l'écoute, en tout cas personne ne rit. Tous ont trimé pendant de longues années pour en arriver là. Autrefois, dans les campagnes, on les aurait étouffés sous un oreiller. Formule sage, perfectionnée par chaque famille, et incomparablement plus humaine que celle de les rassembler, de les parquer, pour les guérir de l'ennui par la stupeur.

*

Si on en croit la Bible, c'est Caïn qui créa la première ville, pour avoir, selon la remarque de Bossuet, où *étourdir ses remords*.

Quel jugement ! Et combien de fois n'en ai-je pas éprouvé la justesse dans mes déambulations nocturnes !

*

Telle nuit, en montant l'escalier, en pleine obscurité, je fus arrêté par une force invincible, surgie du dehors et du dedans. Incapable de faire un pas de plus, je restai là cloué sur place, pétrifié. IMPOSSIBILITÉ — ce mot si courant vint, plus à propos que de coutume, m'éclairer sur moi-même, non moins que sur lui : il m'avait si souvent secouru, jamais cependant comme cette fois-là. Je compris enfin pour toujours ce qu'il voulait dire...

*

Une ancienne femme de chambre à mon « Ça va ? » me répond sans s'arrêter : « *Ça suit son cours.* » Cette réponse archibanale m'a secoué jusqu'aux larmes.

Les tournures qui touchent au devenir, au passage, au *cours*, plus elles sont usées, plus elles acquièrent parfois la portée d'une révélation. La vérité cependant est qu'elles ne créent pas un état exceptionnel mais qu'on se trouvait dans cet état sans le savoir, et qu'il ne fallait qu'un signe ou un prétexte pour que l'extraordinaire eût lieu.

*

Nous habitions la campagne, j'allais à l'école, et, détail important, je couchais dans la même chambre que mes parents. Le soir mon père avait l'habitude de faire la lecture à ma mère. Bien qu'il fût prêtre, il lisait n'importe quoi, pensant sans doute que, vu mon âge, je n'étais pas censé comprendre. En général, je n'écoutais pas et m'endormais, sauf s'il s'agissait de quelque récit saisissant. Une nuit je dressai l'oreille. C'était, dans une biographie de Raspoutine, la scène où le père, à l'article de la mort, fait venir son fils pour lui dire : « Va à Saint-Pétersbourg, rends-toi maître de la ville, ne recule devant rien et ne crains personne, *car Dieu est un vieux porc.* »

Une telle énormité dans la bouche de mon père, pour qui le sacerdoce n'était pas une plaisanterie, m'impressionna autant qu'un incendie ou un séisme. Mais je me rappelle aussi très nettement — il y a de cela plus de cinquante ans — que mon émotion fut suivie d'un plaisir étrange, je n'ose dire pervers.

*

Ayant pénétré, au cours des ans, assez avant dans deux ou trois religions, j'ai reculé chaque fois, au seuil de la « conversion », par peur de me mentir à moi-même. Aucune d'elles n'était, à mes yeux, assez libre pour admettre que la vengeance est un besoin, le plus intense et le plus profond qui existe, et que chacun doit le satisfaire, ne fût-ce qu'en paroles. Si on l'étouffe, on s'expose à des troubles graves. Plus d'un déséquilibre — peut-être même tout déséquilibre — provient d'une vengeance qu'on a différée trop longtemps. Sachons exploser ! N'importe quel malaise est plus *sain* que celui que suscite une rage thésaurisée.

*

Philosophie à la Morgue. « Mon neveu, c'est clair, n'a pas réussi ; s'il avait réussi, il aurait eu une autre fin. — Vous savez, madame, ai-je répondu à cette grosse matrone, qu'on réussisse ou qu'on ne réussisse pas, cela revient au même. — Vous avez raison », me répliqua-t-elle après quelques secondes de réflexion. Cet acquiescement si inattendu de la part d'une telle commère me remua presque autant que la mort de mon ami.

*

Les tarés... Il me semble que leur *aventure*, mieux que n'importe quelle autre, jette une lumière sur l'avenir, qu'eux seuls permettent de l'entrevoir et de le déchiffrer, et que, faire abstraction de leurs exploits, c'est se rendre à jamais impropre à *décrire* les jours qui s'annoncent.

*

— Dommage, me disiez-vous, que N. n'ait rien produit.

— Qu'importe ! Il existe. S'il avait pondu des livres, s'il avait eu la malchance de se « réaliser ͵, nous ne serions pas en train de parler de lui depuis une heure. L'avantage d'être quelqu'un est plus rare que celui d'œuvrer. Produire est facile ; ce qui est difficile, c'est dédaigner de faire usage de ses dons.

*

On tourne, on recommence la même scène nombre de fois. Un passant, un provincial visiblement, n'en revient pas : « Après ça, je n'irai plus jamais au cinéma. »

On pourrait réagir de la même manière à l'égard de n'importe quoi dont on a entrevu les dessous et saisi le secret. Cependant, par une obnubilation qui tient du prodige, des gynécologues s'entichent de leurs clientes, des fossoyeurs font des enfants, des incurables abondent en projets, des sceptiques écrivent...

*

T., fils de rabbin, se plaint que cette période de persécutions sans précédent n'ait vu naître aucune prière *originale*, susceptible d'être adoptée par la communauté et dite dans les synagogues. Je l'assure qu'il a tort de s'en affliger ou de s'en alarmer : les grands désastres ne rendent rien sur le plan littéraire ni religieux. Seuls les demi-malheurs sont féconds, parce qu'ils peuvent être, parce qu'ils sont un point de départ, alors qu'un enfer trop parfait est presque aussi stérile que le paradis.

*

J'avais vingt ans. Tout me pesait. Un jour je m'effondrai sur un canapé avec un « Je n'en peux plus ».
Ma mère, affolée déjà par mes nuits blanches, m'annonça qu'elle venait de faire dire une messe pour mon « repos ». *Pas une mais trente mille*, aurais-je voulu crier, songeant au chiffre inscrit par Charles Quint dans son testament, pour un repos autrement long, il est vrai.

*

Je l'ai revu par hasard après un quart de siècle. Il est inchangé, intact, plus frais que jamais, il semble même avoir reculé vers l'adolescence.

Où s'est-il tapi, et qu'a-t-il machiné pour se dérober à l'action des années, pour esquiver les grimaces et les rides ? Et comment a-t-il vécu, si toutefois il a vécu ? Un revenant plutôt. Il a sûrement triché, il n'a pas rempli son devoir de vivant, il n'a pas joué le jeu. Un revenant, oui, et un resquilleur. Je ne discerne aucun signe de destruction sur son visage, aucune de ces marques qui attestent qu'on est un être réel, un individu, et non une apparition. Je ne sais quoi lui dire, je ressens de la gêne, j'ai même peur. Tant nous démonte quiconque échappe au temps, ou l'escamote seulement.

*

D. C., qui, dans son village, en Roumanie, écrivait ses souvenirs d'enfance, ayant raconté à son voisin, un paysan nommé Coman, qu'il n'y serait pas oublié, celui-ci vint le voir le lendemain de bonne heure et lui dit : « Je sais que je ne vaux rien mais tout de même je ne croyais pas être tombé si bas pour qu'on parle de moi dans un livre. »

Le monde oral, combien il était supérieur au nôtre ! Les êtres (je devrais dire, les peuples) ne demeurent dans le vrai qu'aussi longtemps qu'ils ont horreur de l'écrit. Dès qu'ils en attrapent le préjugé, ils entrent dans le faux, ils perdent leurs anciennes superstitions pour en acquérir une nouvelle, pire que toutes les autres ensemble.

*

Incapable de me lever, rivé au lit, je me laisse aller aux caprices de ma mémoire, et me vois vagabonder, enfant, dans les Carpates. Un jour je tombai sur un chien que son maître, pour s'en débarrasser sans doute, avait attaché à un arbre, et qui était transparent de maigreur et si vidé de toute vie, qu'il n'eut que la force de me regarder, sans pouvoir bouger. Cependant il se tenait *debout*, lui...

*

Un inconnu vient me raconter qu'il a tué je ne sais qui. Il n'est pas recherché par la police, parce que personne ne le soupçonne. Je suis seul à savoir que c'est lui le meurtrier. Que faire ? Je n'ai pas l'audace ni la déloyauté (car il m'a confié un secret, et quel secret !) d'aller le dénoncer. Je me sens son complice, et me résigne à être arrêté et puni comme tel. En même temps, je me dis que ce serait trop bête. Peut-être vais-je le dénoncer quand même. Et c'est ainsi jusqu'au réveil.

L'interminable est la spécialité des indécis. Ils ne peuvent rien trancher dans la vie, et encore moins dans leurs rêves, où ils perpétuent leurs hésitations, leurs lâchetés, et leurs scrupules. Ils sont idéalement aptes au cauchemar.

*

Un film sur les bêtes sauvages : cruauté sans répit sous toutes les latitudes. La « nature », tortionnaire de génie, imbue d'elle-même et de son œuvre, exulte non sans raison : à chaque seconde, tout ce qui vit tremble et fait trembler. La pitié est un luxe bizarre, que seul le plus perfide et le plus féroce des êtres pouvait inventer, par besoin de se châtier et de se torturer, par férocité encore.

Sur une affiche qui, à l'entrée d'une église, annonce *L'Art de la Fugue,* quelqu'un a tracé en gros caractères : *Dieu est mort.* Et cela à propos du musicien qui témoigne que Dieu, dans l'hypothèse qu'il soit défunt, peut ressusciter, le temps que nous entendons telle cantate ou telle fugue justement !

*

Nous avons passé un peu plus d'une heure ensemble. Il en a profité pour parader, et, à force de vouloir dire des choses intéressantes sur lui-même, il y est parvenu. S'il se fût adressé seulement des éloges raisonnables, je l'aurais trouvé assommant et quitté au bout de quelques minutes. En exagérant, en jouant bien son rôle de fanfaron, il a frôlé l'esprit, il a failli en avoir. Le désir de paraître subtil ne nuit pas à la subtilité. Un débile mental, s'il pouvait ressentir l'envie d'épater, réussirait à donner le change et même à rejoindre l'intelligence.

*

X, qui a dépassé l'âge des patriarches, après s'être acharné, pendant un long tête-à-tête, contre les uns et les autres, me dit : « La grande faiblesse de ma vie aura été de n'avoir jamais haï personne. »

La haine ne diminue pas avec les années : elle augmente plutôt. Celle d'un gâteux atteint à des proportions à peine imaginables : devenu insensible à ses anciennes affections, il met toutes ses facultés au service de ses rancunes, lesquelles, miraculeusement revigorées, survivront à l'effritement de sa mémoire et même de sa raison.

... Le danger de fréquenter des vieillards vient de ce qu'en les voyant si loin du détachement et si incapa-

82

bles d'y accéder, on s'arroge tous les avantages qu'ils devraient avoir et qu'ils n'ont pas. Et il est inévitable que l'avance, réelle ou fictive, que l'on croit avoir sur eux en matière de lassitude ou de dégoût, incite à la présomption.

*

Chaque famille a sa philosophie. Un de mes cousins, mort jeune, m'écrivait : « Tout est comme cela a toujours été et comme cela sera sans doute jusqu'à ce qu'il n'y ait plus rien. »

Ma mère, de son côté, finissait le dernier mot qu'elle m'envoya par cette phrase testament : « Quoi que l'homme entreprenne, il le regrettera tôt ou tard. »

Ce vice du regret, je ne peux donc même pas me vanter de l'avoir acquis par mes propres déboires. Il me précède, il fait partie du patrimoine de ma tribu. Quel legs que l'inaptitude à l'illusion !

*

A quelques kilomètres de mon village natal se trouvait, perché sur des hauteurs, un hameau uniquement habité par des tziganes. En 1910, un ethnologue amateur s'y rendit, accompagné d'un photographe. Il réussit à rassembler les habitants, qui acceptèrent de se laisser photographier, sans savoir ce que cela signifiait. Au moment où on leur demanda de ne plus bouger, une vieille s'écria : « Méfiez-vous ! Ils sont en train de nous voler notre âme. » Là-dessus, tous se précipitèrent sur les deux visiteurs, qui eurent le plus grand mal à s'en tirer.

Ces gitans à demi sauvages, n'était-ce pas l'Inde, leur pays d'origine, qui, dans cette circonstance, parlait à travers eux ?

*

En continuelle insurrection contre mon ascendance, toute ma vie j'ai souhaité être autre : Espagnol, Russe, cannibale, — tout, excepté ce que j'étais. C'est une aberration de se vouloir différent de ce qu'on est, d'épouser en théorie toutes les conditions, sauf la sienne.

*

Le jour où je lus la liste d'à peu près tous les mots dont dispose le sanscrit pour désigner l'absolu, je compris que je m'étais trompé de voie, de pays, et d'idiome.

*

Une amie, après je ne sais combien d'années de silence, m'écrit qu'elle n'en a plus pour longtemps, qu'elle s'apprête à « entrer dans l'Inconnu »... Ce cliché m'a fait tiquer. Par la mort, je discerne mal *dans quoi* on peut entrer. Toute affirmation, ici, me paraît abusive. La mort n'est pas un état, elle n'est peut-être même pas un passage. Qu'est-elle donc ? Et par quel cliché, à mon tour, vais-je répondre à cette amie ?

*

Sur le même sujet, sur le même événement, il peut se faire que je change d'opinion dix, vingt, trente fois dans l'espace d'une journée. Et dire qu'à chaque coup, comme le dernier des imposteurs, j'ose prononcer le mot de « vérité » !

*

La femme, encore solide, traînait après elle son mari, grand, voûté, les yeux ahuris ; elle le traînait comme s'il avait été une survivance d'une autre ère, un diplodocus apoplectique et suppliant.

Une heure après, seconde rencontre : une vieille très bien mise, courbée à l'extrême, « avançait ». Décrivant un parfait demi-cercle, elle regardait, par la force des choses, le sol, et comptait sans doute ses petits pas inimaginablement lents. On aurait cru qu'elle apprenait à marcher, qu'elle avait peur de ne pas savoir où et comment mettre ses pieds pour bouger.

... Tout m'est bon de ce qui me rapproche du Bouddha.

*

Malgré ses cheveux blancs, elle faisait encore le trottoir. Je la rencontrais souvent, au Quartier, vers trois heures du matin, et n'aimais pas rentrer sans l'entendre raconter quelques exploits ou quelques anecdotes. Les anecdotes, comme les exploits, je les ai oubliés. Mais je n'ai pas oublié la promptitude avec laquelle, une nuit que je m'étais mis à tempêter contre tous ces « pouilleux » qui dormaient, elle enchaîna, l'index dressé vers le ciel : « Et que dites-vous du *pouilleux d'en haut ?* »

*

« Tout est démuni d'assise et de substance », je ne me le redis jamais sans ressentir quelque chose qui ressemble au bonheur. L'ennui est qu'il y a quantité de moments où je ne parviens pas à me le redire...

V

Je le lis pour la sensation de naufrage que me donne tout ce qu'il écrit. Au début, on comprend, puis on tourne en rond, ensuite on est pris dans un tourbillon fade, sans effroi, et on se dit qu'on va couler, et on coule effectivement. Ce n'est pourtant pas une véritable noyade — ce serait trop beau ! On remonte à la surface, on respire, on comprend de nouveau, on est surpris de voir qu'il a l'air de dire quelque chose et de comprendre ce qu'il dit, puis on tourne de nouveau en rond, et on coule derechef... Tout cela se veut profond et paraît tel. Mais aussitôt qu'on se ressaisit, on s'aperçoit que ce n'est qu'abscons, et que l'intervalle entre la profondeur vraie et la profondeur concertée est aussi important qu'entre une révélation et une marotte.

*

Quiconque se voue à une œuvre croit — sans en être conscient — qu'elle survivra aux années, aux siècles, au temps lui-même... S'il *sentait*, pendant qu'il s'y consacre, qu'elle est périssable, il l'abandonnerait en chemin, il ne pourrait pas l'achever. Activité et duperie sont termes corrélatifs.

« Le rire disparut, puis disparut le sourire. »

Cette remarque d'apparence naïve d'un biographe d'Alexandre Blok définit, on ne saurait mieux, le schéma de toute déchéance.

*

Il n'est pas facile de parler de Dieu quand on n'est ni croyant ni athée : et c'est sans doute notre drame à tous, théologiens y compris, de ne plus pouvoir être ni l'un ni l'autre.

*

Pour un écrivain, le progrès vers le détachement et la délivrance est un désastre sans précédent. Lui, plus que personne, a besoin de ses défauts : s'il en triomphe, il est perdu. Qu'il se garde donc bien de devenir meilleur, car s'il y arrive, il le regrettera amèrement.

*

On doit se méfier des lumières qu'on possède sur soi. La connaissance que nous avons de nous-même, indispose et paralyse notre démon. C'est là qu'il faut chercher la raison pour laquelle Socrate n'a rien écrit.

*

Ce qui rend les mauvais poètes plus mauvais encore, c'est qu'ils ne lisent que des poètes (comme les mauvais philosophes ne lisent que des philosophes), alors qu'ils tireraient un plus grand profit d'un livre de botanique ou de géologie. On ne s'enrichit qu'en fréquentant des disciplines éloignées de la sienne. Cela n'est vrai, bien entendu, que pour les domaines où le *moi* sévit.

*

Tertullien nous apprend que, pour se guérir, les épileptiques allaient « sucer avec avidité le sang des criminels égorgés dans l'arène ».

Si j'écoutais mon instinct, ce serait là, pour toute maladie, le seul genre de thérapeutique que j'adopterais.

*

A-t-on le droit de se fâcher contre quelqu'un qui vous traite de monstre ? Le monstre est seul par définition, et la solitude, même celle de l'infamie, suppose quelque chose de positif, une élection un peu spéciale, mais élection, indéniablement.

*

Deux ennemis, c'est un même homme *divisé*.

*

« Ne juge personne avant de te mettre à sa place. » Ce vieux proverbe rend tout jugement impossible, car nous ne jugeons quelqu'un que parce que justement nous ne pouvons nous mettre à sa place.

*

Qui aime son indépendance doit se prêter, pour la sauvegarder, à n'importe quelle turpitude, risquer même, s'il le faut, l'ignominie.

*

Rien de plus abominable que le critique et, à plus forte raison, le philosophe en chacun de nous : si j'étais poète, je réagirais comme Dylan Thomas, qui, lorsqu'on commentait ses poèmes en sa présence, se laissait tomber par terre et se livrait à des contorsions.

*

Tous ceux qui se démènent commettent injustice sur injustice, sans en ressentir le moindre remords. De la mauvaise humeur seulement. — Le remords est réservé à ceux qui n'agissent pas, qui ne peuvent agir. Il leur tient lieu d'action, il les console de leur inefficacité.

*

La plupart de nos déboires nous viennent de nos premiers mouvements. Le moindre élan se paye plus cher qu'un crime.

*

Comme nous ne nous rappelons avec précision que nos épreuves, les malades, les persécutés, les victimes de toute sorte auront vécu, en fin de compte, avec le maximum de profit. Les autres, les chanceux, ont bien une vie mais non le *souvenir* d'une vie.

*

Est ennuyeux quiconque ne condescend pas à faire impression. Le vaniteux est presque toujours irritant mais il se dépense, il fait un effort : c'est un raseur qui

ne voudrait pas l'être, et on lui en est reconnaissant :
on finit par le supporter, et même par le rechercher. En
revanche, on est pâle de rage devant quelqu'un qui
d'aucune façon ne vise à l'effet. Que lui dire et qu'en
attendre ? Il faut garder quelques traces du singe, ou
alors rester chez soi.

*

Ce n'est pas la peur d'entreprendre, c'est la peur de
réussir, qui explique plus d'un échec.

*

Je voudrais une prière avec des mots-poignards. Par
malheur, dès qu'on prie, on doit prier comme tout le
monde. C'est là que réside une des plus grandes
difficultés de la foi.

*

On ne redoute l'avenir que lorsqu'on n'est pas sûr de
pouvoir se tuer au moment voulu.

*

Ni Bossuet, ni Malebranche, ni Fénelon n'ont daigné
parler des *Pensées*. Apparemment Pascal ne leur semblait pas assez *sérieux*.

*

L'antidote de l'ennui est la peur. Il faut que le
remède soit plus fort que le mal.

*

Si je pouvais m'élever au niveau de celui que j'aurais aimé être ! Mais je ne sais quelle force, qui s'accroît avec les années, me tire vers le bas. Même pour remonter à *ma* surface, il me faut user de stratagèmes auxquels je ne peux penser sans rougir.

*

Il fut un temps où, chaque fois que j'essuyais quelque affront, pour éloigner de moi toute velléité de vengeance, je m'imaginais bien calme dans ma tombe. Et je me radoucissais aussitôt. Ne méprisons pas trop notre cadavre : il peut servir à l'occasion.

*

Toute pensée dérive d'une sensation contrariée.

*

La seule façon de rejoindre autrui en profondeur est d'aller vers ce qu'il y a de plus profond en soi-même. En d'autre termes, de suivre le chemin inverse de celui que prennent les esprits dits « généreux ».

*

Que ne puis-je dire avec ce rabbin hassidique : « La bénédiction de ma vie, c'est que jamais je n'ai eu besoin d'une chose avant de la posséder ! »

*

En permettant l'homme, la nature a commis beaucoup plus qu'une erreur de calcul : un attentat contre elle-même.

*

La peur rend *conscient*, la peur morbide et non la peur naturelle. Sans quoi les animaux auraient atteint un degré de conscience supérieur au nôtre.

*

En tant qu'orang-outang proprement dit, l'homme est vieux ; en tant qu'orang-outang historique, il est relativement récent : un parvenu, qui n'a pas eu le temps d'apprendre comment *se tenir* dans la vie.

*

Après certaines expériences, on devrait changer de nom, puisque aussi bien on n'est plus le même. Tout prend un autre aspect, en commençant par la mort. Elle paraît proche et désirable, on se réconcilie avec elle, et on en arrive à la tenir pour « la meilleure amie de l'homme », comme l'appelle Mozart dans une lettre à son père agonisant.

*

Il faut souffrir jusqu'au bout, jusqu'au moment où l'on cesse de *croire* à la souffrance.

*

« La vérité demeure cachée pour celui qu'emplissent le désir et la haine. » (Le Bouddha.)
... C'est-à-dire pour tout *vivant*.

*

Attiré par la solitude, il reste pourtant dans le siècle : un stylite *sans colonne*.

*

« Vous avez eu tort de miser sur moi. »
Qui pourrait tenir ce langage ? — Dieu et le Raté.

*

Tout ce que nous accomplissons, tout ce qui sort de nous, aspire à oublier ses origines, et n'y parvient qu'en se dressant contre nous. De là le signe négatif qui marque toutes nos réussites.

*

On ne peut rien dire de rien. C'est pourquoi il ne saurait y avoir une limite au nombre de livres.

*

L'échec, même répété, paraît toujours nouveau, alors que le succès, en se multipliant, perd tout intérêt, tout attrait. Ce n'est pas le malheur, c'est le bonheur, le bonheur insolent, il est vrai, qui conduit à l'aigreur et au sarcasme.

*

« Un ennemi est aussi utile qu'un Bouddha. » C'est bien cela. Car notre ennemi veille sur nous, il nous empêche de nous laisser aller. En signalant, en divulguant la moindre de nos défaillances, il nous conduit en ligne droite à notre salut, il met tout en œuvre pour que nous ne soyons pas indigne de l'idée qu'il s'est faite de nous. Aussi notre gratitude à son égard devrait-elle être sans bornes.

*

On se ressaisit, et on adhère d'autant mieux à l'être, qu'on a réagi contre les livres négateurs, dissolvants, contre leur force nocive. Des livres fortifiants en somme, puisqu'ils suscitent l'énergie qui les nie. Plus ils contiennent de poison, plus ils exercent un effet salutaire, à condition qu'on les lise à contre-courant, comme on devrait lire tout livre, en commençant par le catéchisme.

*

Le plus grand service qu'on puisse rendre à un auteur est de lui interdire de travailler pendant un certain temps. Des tyrannies de courte durée seraient nécessaires, qui s'emploieraient à suspendre toute activité intellectuelle. La liberté d'expression *sans interruption aucune* expose les talents à un péril mortel, elle les oblige à se dépenser au-delà de leurs ressources et les empêche de stocker des sensations et des expériences. La liberté sans limites est un attentat contre l'esprit.

*

La pitié de soi est moins stérile qu'on ne croit. Dès que quelqu'un en ressent le moindre accès, il prend une pose de penseur, et, merveille des merveilles, il arrive à penser.

La maxime stoïcienne selon laquelle nous devons nous plier sans murmure aux choses qui ne dépendent pas de nous, ne tient compte que des malheurs extérieurs, qui échappent à notre volonté. Mais ceux qui viennent de nous-mêmes, comment nous en accommoder ? Si nous sommes la source de nos maux, à qui nous en prendre ? à nous-mêmes ? Nous nous arrangeons heureusement pour oublier que nous sommes les vrais coupables, et d'ailleurs l'existence n'est tolérable que si nous renouvelons chaque jour ce mensonge et cet oubli.

*

Toute ma vie j'aurai vécu avec le sentiment d'avoir été éloigné de mon véritable lieu. Si l'expression « exil métaphysique » n'avait aucun sens, mon existence à elle seule lui en prêterait un.

*

Plus quelqu'un est comblé de dons, moins il avance sur le plan spirituel. Le talent est un obstacle à la vie intérieure.

*

Pour sauver le mot « grandeur » du pompiérisme, il ne faudrait s'en servir qu'à propos de l'insomnie ou de l'hérésie.

*

Dans l'Inde classique, le sage et le saint se rencontraient dans une seule et même personne. Pour avoir une idée d'une telle réussite, qu'on se représente, si on peut, une fusion entre la résignation et l'extase, entre un stoïcien froid et un mystique échevelé.

*

L'être est suspect. Que dire alors de la « vie », qui en est la déviation et la flétrissure ?

*

Lorsqu'on nous rapporte un jugement défavorable sur nous, au lieu de nous fâcher, nous devrions songer à tout le mal que nous avons dit des autres, et trouver que c'est justice si on en dit également de nous. L'ironie veut qu'il n'y ait personne de plus vulnérable, de plus susceptible, de moins disposé à reconnaître ses propres défauts, que le médisant. Il suffit de lui citer une réserve infime qu'on a faite à son sujet, pour qu'il perde contenance, se déchaîne et se noie dans sa bile.

*

De l'extérieur, dans tout clan, toute secte, tout parti, règne l'harmonie; de l'intérieur, la discorde. Les conflits dans un monastère sont aussi fréquents et aussi envenimés que dans n'importe quelle société. Même lorsqu'ils désertent l'enfer, les hommes ne le font que pour le reconstituer ailleurs.

*

La moindre conversion est vécue comme un avancement. Il existe par bonheur des exceptions.

J'aime cette secte juive du dix-huitième siècle, dans laquelle on se ralliait au christianisme par volonté de déchoir, et j'aime non moins cet Indien de l'Amérique du Sud, qui, s'étant converti lui aussi, se lamentait de devenir la proie des vers, au lieu d'être dévoré par ses enfants, honneur qu'il aurait eu s'il n'avait pas abjuré les croyances de sa tribu.

*

Il est normal que l'homme ne s'intéresse plus à la religion mais aux religions, car ce n'est qu'à travers elles qu'il sera à même de comprendre les versions multiples de son affaissement spirituel.

*

En récapitulant les étapes de notre carrière, il est humiliant de constater que nous n'avons pas eu les revers que nous méritions, que nous étions en droit d'espérer.

*

Chez certains, la perspective d'une fin plus ou moins proche excite l'énergie, bonne ou mauvaise, et les plonge dans une rage d'activité. Assez candides pour vouloir se perpétuer par leur entreprise ou par leur œuvre, ils s'acharnent à la terminer, à la conclure : plus un instant à perdre.

La même perspective invite d'autres à s'engouffrer dans l'à quoi bon, dans une clairvoyance stagnante, dans les irrécusables vérités du marasme.

*

« Maudit soit celui qui, dans les futures réimpressions de mes ouvrages, y aura changé sciemment quoi que ce soit, une phrase, ou seulement un mot, une syllabe, une lettre, un signe de ponctuation ! »

Est-ce le philosophe, est-ce l'écrivain qui fit parler ainsi Schopenhauer ? Les deux à la fois, et cette conjonction (que l'on songe au style effarant de n'importe quel ouvrage philosophique) est très rare. Ce n'est pas un Hegel qui aurait proféré malédiction semblable. Ni aucun autre philosophe de première grandeur, Platon excepté.

*

Rien de plus exaspérant que l'ironie sans faille, sans répit, qui ne vous laisse pas le temps de respirer, et encore moins de réfléchir, qui, au lieu d'être inapparente, occasionnelle, est massive, automatique, aux antipodes de sa nature essentiellement délicate. Tel est en tout cas l'usage qu'en fait l'Allemand, l'être qui, pour avoir le plus médité sur elle, est le moins capable de la manier.

*

L'anxiété n'est provoquée par rien, elle cherche à se donner une justification, et, pour y parvenir, se sert de n'importe quoi, des prétextes les plus misérables, auxquels elle s'accroche, après les avoir inventés. Réalité en soi qui précède ses expressions particulières, ses variétés, elle se suscite, elle s'engendre elle-même, elle est « création infinie », plus propre, comme telle, à rappeler les agissements de la divinité que ceux de la psyché.

*

Tristesse automatique : un robot élégiaque.

*

Devant une tombe, les mots : jeu, imposture, plaisanterie, rêve, s'imposent. Impossible de penser qu'exister soit un phénomène sérieux. Certitude d'une tricherie au départ, à la base. On devrait marquer au fronton des cimetières : « Rien n'est tragique. Tout est irréel. »

*

Je n'oublierai pas de sitôt l'expression d'horreur sur ce qui fut son visage, le rictus, l'effroi, l'extrême inconsolation, et l'agressivité. Il n'était pas content, non. Jamais je n'ai vu quelqu'un de si mal à l'aise dans son cercueil.

*

Ne regarde ni en avant ni en arrière, regarde en toi-même, sans peur ni regret. Nul ne descend en soi tant qu'il demeure esclave du passé ou de l'avenir.

*

Il est inélégant de reprocher à quelqu'un sa stérilité, quand elle est postulée, quand elle est son mode d'accomplissement, son rêve...

*

Les nuits où nous avons dormi sont comme si elles n'avaient jamais été. Restent seules dans notre mémoire celles où nous n'avons pas fermé l'œil : *nuit* veut dire nuit blanche.

＊

J'ai transformé, pour n'avoir pas à les résoudre, toutes mes difficultés pratiques en difficultés théoriques. Face à l'Insoluble, je respire enfin...

＊

A un étudiant qui voulait savoir où j'en étais par rapport à l'auteur de *Zarathoustra*, je répondis que j'avais cessé de le pratiquer depuis longtemps. Pourquoi ? me demanda-t-il. — Parce que je le trouve trop *naïf*...

Je lui reproche ses emballements et jusqu'à ses ferveurs. Il n'a démoli des idoles que pour les remplacer par d'autres. Un faux iconoclaste, avec des côtés d'adolescent, et je ne sais quelle virginité, quelle innocence, inhérentes à sa carrière de solitaire. Il n'a observé les hommes que de loin. Les aurait-il regardés de près, jamais il n'eût pu concevoir ni prôner le surhomme, vision farfelue, risible, sinon grotesque, chimère ou lubie qui ne pouvait surgir que dans l'esprit de quelqu'un qui n'avait pas eu le temps de vieillir, de connaître le détachement, le long dégoût serein.

Bien plus proche m'est un Marc Aurèle. Aucune hésitation de ma part entre le lyrisme de la frénésie et la prose de l'acceptation : je trouve plus de réconfort, et même plus d'espoir, auprès d'un empereur fatigué qu'auprès d'un prophète fulgurant.

VI

J'aime cette idée hindoue suivant laquelle **nous** pouvons confier notre salut à quelqu'un d'autre, à **un** « saint » de préférence, et lui permettre de prier à notre place, de faire n'importe quoi pour nous **sauver.** C'est vendre son âme à Dieu...

*

« Le talent a-t-il donc besoin de passions ? **Oui, de** beaucoup de passions réprimées. » (Joubert.)
Il n'est pas un seul moraliste qu'on ne puisse **conver-**tir en précurseur de Freud.

*

On est toujours surpris de voir que les **grands** mystiques ont tant produit, qu'ils ont laissé un **nombre** si important de traités. Ils pensaient sans doute y célébrer Dieu et rien d'autre. Cela est vrai en **partie,** mais en partie seulement
On ne crée pas une œuvre sans s'y attacher, sans s'y asservir. Ecrire est l'acte le moins ascétique **qui soit.**

*

Quand je veille bien avant dans la nuit, je suis visité par mon mauvais génie comme le fut Brutus par le sien avant la bataille de Philippes...

*

« Est-ce que j'ai la gueule de quelqu'un qui doit faire quelque chose ici-bas ? » — Voilà ce que j'aurais envie de répondre aux indiscrets qui m'interrogent sur mes activités.

*

On a dit qu'une métaphore « doit pouvoir être dessinée ». — Tout ce qu'on a fait d'original et de vivant en littérature depuis un siècle contredit cette remarque. Car si quelque chose a vécu, c'est la métaphore aux contours définis, la métaphore « cohérente ». C'est contre elle que la poésie n'a cessé de se rebeller, au point qu'une poésie morte est une poésie *frappée* de cohérence.

*

En écoutant le bulletin météorologique, forte émotion à cause de « pluies *éparses* ». Ce qui prouve bien que la poésie est en nous et non dans l'expression, encore qu'*épars* soit un adjectif susceptible de faire naître une certaine vibration.

*

Dès que je formule un doute, plus exactement : dès que je ressens le besoin d'en formuler un, j'éprouve un bien-être curieux, inquiétant. Il me serait de loin plus

108

aisé de vivre sans trace de croyance que sans trace de doute. Doute dévastateur, doute nourricier !

*

Il n'y a pas de sentation *fausse*.

*

Rentrer en soi, y percevoir un silence aussi ancien que l'être, plus ancien même.

*

On ne désire la mort que dans les malaises vagues ; on la fuit au moindre malaise précis.

*

Si je déteste l'homme, je ne pourrais pas dire avec la même facilité : je déteste l'*être* humain, pour la raison qu'il y a malgré tout dans ce mot *être* un rien de plein, d'énigmatique et d'attachant, qualités étrangères à l'idée d'homme.

*

Dans le *Dhammapada*, il est recommandé, pour obtenir la délivrance, de secouer la double chaîne du Bien et du Mal. Que le Bien lui-même soit une entrave, nous sommes trop arriérés spirituellement pour pouvoir l'admettre. Aussi ne serons-nous pas délivrés.

*

Tout tourne autour de la douleur ; le reste est accessoire, voire inexistant, puisqu'on ne se souvient que de ce qui fait mal. Les sensations douloureuses étant seules réelles, il est à peu près inutile d'en éprouver d'autres.

*

Je crois avec ce fou de Calvin qu'on est prédestiné au salut ou à la réprobation dans le ventre de sa mère. On a déjà vécu sa vie avant de naître.

*

Est libre celui qui a discerné l'inanité de tous les points de vue, et libéré celui qui en a tiré les conséquences.

*

Point de sainteté sans un penchant pour le scandale. Cela n'est pas vrai seulement des saints. Quiconque se manifeste, de n'importe quelle manière, prouve qu'il possède, plus ou moins développé, le goût de la provocation.

*

Je *sens* que je suis libre mais je *sais* que je ne le suis pas.

*

Je supprimai de mon vocabulaire mot après mot. Le massacre fini, un seul rescapé : *Solitude.*
Je me réveillai comblé.

*

Si j'ai pu tenir jusqu'à présent, c'est qu'à chaque abattement, qui me paraissait intolérable, un second succédait, plus atroce, puis un troisième, et ainsi de suite. Serais-je en enfer, que je souhaiterais en voir les cercles se multiplier, pour pouvoir escompter une épreuve nouvelle, plus riche que la précédente. Politique salutaire, en matière de tourments tout au moins.

*

A quoi la musique fait appel en nous, il est difficile de le savoir ; ce qui est certain, c'est qu'elle touche une zone si profonde que la folie elle-même n'y saurait pénétrer.

*

Nous aurions dû être dispensés de traîner un corps. Le fardeau du *moi* suffisait.

*

Pour reprendre goût à certaines choses, pour me refaire une « âme », un sommeil de plusieurs périodes cosmiques serait le bienvenu.

*

Je n'ai jamais pu comprendre cet ami qui, revenu de Laponie, me disait l'oppression qu'on ressent quand on ne rencontre pas durant des jours et des jours la moindre trace d'homme.

*

Un écorché érigé en théoricien du détachement, un convulsionnaire qui joue au sceptique.

111

*

Enterrement dans un village normand. Je demande des détails à un paysan qui regardait de loin le cortège. « *Il* était encore jeune, à peine soixante ans. On l'a trouvé mort dans les champs. Que voulez-vous ? C'est comme ça... C'est comme ça... C'est comme ça... »

Ce refrain, qui me parut cocasse sur le coup, me harcela ensuite. Le bonhomme ne se doutait pas qu'il disait de la mort tout ce qu'on peut en dire et tout ce qu'on en sait.

*

J'aime lire comme lit une concierge : m'identifier à l'auteur et au livre. Toute autre attitude me fait penser au dépeceur de cadavres.

*

Dès que quelqu'un se convertit à quoi que ce soit, on l'envie tout d'abord, puis on le plaint, ensuite on le méprise.

*

Nous n'avions rien à nous dire, et, tandis que je proférais des paroles oiseuses, je sentais que la terre coulait dans l'espace et que je dégringolais avec elle à une vitesse qui me donnait le tournis.

*

Des années et des années pour se réveiller de ce sommeil où se prélassent les autres ; et puis des années et des années, pour fuir ce réveil...

112

*

Quand il me faut mener à bien une tâche que j'ai assumée par nécessité ou par goût, à peine m'y suis-je attaqué, que tout me semble important, tout me séduit, sauf elle.

*

Réfléchir à ceux qui n'en ont plus pour longtemps, qui savent que tout est aboli pour eux, sauf le temps où se déroule la pensée de leur fin. S'adresser à ce temps-là. Ecrire pour des *gladiateurs*...

*

L'érosion de notre être par nos infirmités : le vide qui en résulte est rempli par la présence de la conscience, que dis-je ? — ce vide *est* la conscience elle-même.

*

La désagrégation morale lorsqu'on séjourne dans un endroit trop beau. Le moi se dissout au contact du paradis.

C'est sans doute pour éviter ce péril, que le premier homme fit le choix que l'on sait.

*

Tout bien considéré, il y a eu plus d'affirmations que de négations — jusqu'ici tout au moins. Nions donc sans remords. Les croyances pèseront toujours plus lourd dans la balance.

113

*

La substance d'une œuvre c'est l'impossible — ce que nous n'avons pu atteindre, ce qui ne pouvait pas nous être donné : c'est la somme de toutes les choses qui nous furent refusées.

*

Gogol, dans l'espoir d'une « régénération », se rendant à Nazareth et s'y ennuyant comme « dans une gare en Russie », c'est bien ce qui nous arrive à tous quand nous cherchons au-dehors ce qui ne peut exister qu'en nous.

*

Se tuer parce qu'on est ce qu'on est, oui, mais non parce que l'humanité entière vous cracherait à la figure !

*

Pourquoi craindre le néant qui nous attend alors qu'il ne diffère pas de celui qui nous précède, cet argument des Anciens contre la peur de la mort est irrecevable en tant que consolation. *Avant,* on avait la chance de ne pas exister ; maintenant on existe, et c'est cette parcelle d'existence, donc d'infortune, qui redoute de disparaître. Parcelle n'est pas le mot, puisque chacun se préfère ou, tout au moins, s'égale, à l'univers.

*

Quand nous discernons l'irréalité en tout, nous devenons nous-mêmes irréels, nous commençons à

114

nous survivre, si forte que soit notre vitalité, si impérieux nos instincts. Mais ce ne sont plus que de faux instincts, et de la fausse vitalité.

*

Si tu es voué à te ronger, rien ne pourra t'en empêcher : une vétille t'y poussera à l'égal d'un grand chagrin. Résigne-toi à te morfondre en toute occasion : ainsi le veut ton lot.

*

Vivre, c'est perdre du terrain.

*

Dire que tant et tant ont *réussi* à mourir !

*

Impossible de ne pas en vouloir à ceux qui nous écrivent des lettres bouleversantes.

*

Dans une province reculée de l'Inde, on expliquait tout par les rêves et, ce qui est plus important, on s'en inspirait pour guérir les maladies. C'est d'après eux aussi qu'on réglait les affaires, quotidiennes ou capitales. Jusqu'à l'arrivée des Anglais. Depuis qu'ils sont là, disait un indigène, nous ne rêvons plus.

Dans ce qu'il est convenu d'appeler « civilisation », réside indéniablement un principe diabolique dont l'homme a pris conscience trop tard, quand il n'était plus possible d'y remédier.

*

La lucidité sans le correctif de l'ambition conduit au marasme. Il faut que l'une s'appuie sur l'autre, que l'une combatte l'autre *sans la vaincre,* pour qu'une œuvre, pour qu'une vie soit possible.

*

On ne peut pardonner à ceux qu'on a portés aux nues, on est impatient de rompre avec eux, de briser la chaîne la plus délicate qui existe : celle de l'admiration..., non par insolence mais par aspiration à se retrouver, à être libre, à être soi. On n'y parvient que par un acte d'injustice.

*

Le problème de la responsabilité n'aurait de sens que si on nous avait consulté avant notre naissance et que nous eussions consenti à être précisément celui que nous sommes.

*

L'énergie et la virulence de mon *taedium vitae* ne laissent pas de me confondre. Tant de vigueur dans un mal si défaillant ! Je dois à ce paradoxe l'incapacité où je suis de choisir enfin ma dernière heure.

*

Pour nos actes, pour notre vitalité tout simplement, la prétention à la lucidité est aussi funeste que la lucidité elle-même.

*

Les enfants se retournent, doivent se retourner contre leurs parents, et les parents n'y peuvent rien, car ils sont soumis à une loi qui régit les rapports des vivants en général, à savoir que chacun engendre son propre ennemi.

*

On nous a tant appris à nous cramponner aux choses que, lorsque nous voulons nous en affranchir, nous ne savons pas comment nous y prendre. Et si la mort ne venait pas nous y aider, notre entêtement à subsister nous ferait trouver une formule d'existence par-delà l'usure, par-delà la sénilité elle-même.

*

Tout s'explique à merveille si on admet que la naissance est un événement néfaste ou tout au moins inopportun ; mais si l'on est d'un autre avis, on doit se résigner à l'inintelligible, ou alors tricher comme tout le monde.

*

Dans un livre gnostique du deuxième siècle de notre ère, il est dit : « La prière de l'homme triste n'a jamais la force de monter jusqu'à Dieu. »
... Comme on ne prie que dans l'abattement, on en déduira qu'aucune prière jamais n'est parvenue à destination.

Il était au-dessus de tous, et il n'y était pour rien : il avait simplement *oublié* de désirer...

*

Dans l'ancienne Chine, les femmes, lorsqu'elles étaient en proie à la colère ou au chagrin, montaient sur de petites estrades, dressées spécialement pour elles dans la rue, et y donnaient libre cours à leur fureur ou à leurs lamentations. Ce genre de confessionnal devrait être ressuscité et adopté un peu partout, ne fût-ce que pour remplacer celui, désuet, de l'Eglise, ou celui, inopérant, de telle ou telle thérapeutique.

*

Ce philosophe manque de tenue ou, pour sacrifier au jargon, de « forme intérieure ». Il est trop fabriqué pour être vivant ou seulement « réel ». C'est une poupée sinistre. Quel bonheur de savoir que je ne rouvrirai plus jamais ses livres !

*

Personne ne clame qu'il se porte bien et qu'il est libre, et pourtant c'est ce que devraient faire tous ceux qui connaissent cette double bénédiction. Rien ne nous dénonce davantage que notre incapacité de hurler nos chances.

*

Avoir toujours tout raté, par amour du découragement !

L'unique moyen de sauvegarder sa solitude est de blesser tout le monde, en commençant par ceux qu'on aime.

*

Un livre est un suicide différé.

*

On a beau dire, la mort est ce que la nature a trouvé de mieux pour contenter tout le monde. Avec chacun de nous, tout s'évanouit, tout cesse pour toujours. Quel avantage, quel abus ! Sans le moindre effort de notre part, nous disposons de l'univers, nous l'entraînons dans notre disparition. Décidément, mourir est immoral...

VII

Si vos épreuves, au lieu de vous dilater, de vous mettre dans un état d'euphorie énergique, vous dépriment et vous aigrissent, sachez que vous n'avez pas de vocation spirituelle.

*

Vivre dans l'expectative, miser sur le futur ou sur un simulacre de futur, à tel point nous y sommes habitués, que nous n'avons conçu l'idée d'immortalité que par un besoin d'attendre *durant l'éternité*.

*

Toute amitié est un drame inapparent, une suite de blessures subtiles.

*

Luther mort par Lucas Fortnagel. Masque terrifiant, agressif, plébéien, d'un sublime porcin... qui rend bien les traits de celui qu'on ne saurait assez louer d'avoir proclamé : « Les rêves sont menteurs ; chier dans son lit, il n'y a que ça de vrai. »

*

Plus on vit, moins il semble utile d'avoir vécu.

*

A vingt ans, ces nuits où des heures durant je restais le front collé à la vitre, en regardant dans le noir...

*

Aucun autocrate n'a disposé d'un pouvoir comparable à celui dont jouit un pauvre bougre qui envisage de se tuer.

*

S'éduquer à ne pas laisser de traces, c'est une guerre de chaque instant qu'on se fait à soi-même, à seule fin de se prouver qu'on pourrait, si l'on y tenait, devenir un sage...

*

Exister est un état aussi peu concevable que son contraire, que dis-je ? plus inconcevable encore.

*

Dans l'Antiquité, les « livres » étaient si coûteux, qu'on ne pouvait en amasser, à moins d'être roi, tyran ou... Aristote, le premier à posséder une bibliothèque digne de ce nom.

Une pièce à charge de plus au dossier de ce philosophe, si funeste déjà à tant d'égards.

*

Si je me conformais à mes convictions les plus intimes, je cesserais de me manifester, de réagir de quelque manière que ce soit. Or je suis encore capable de *sensations*...

*

Un monstre, si horrible soit-il, nous attire secrètement, nous poursuit, nous hante. Il représente, grossis, nos avantages et nos misères, il *nous* proclame, il est notre porte-drapeau.

*

Au cours des siècles, l'homme s'est échiné à croire, il est passé de dogme en dogme, d'illusion en illusion, et a consacré très peu de temps aux doutes, brefs intervalles entre ses périodes d'aveuglement. A vrai dire, ce n'étaient pas des doutes mais des pauses, des moments de répit, consécutifs aux fatigues de la foi, de toute foi.

*

L'innocence, état parfait, le seul peut-être, il est incompréhensible que celui qui en jouit veuille en sortir. Pourtant l'histoire, depuis ses commencements jusqu'à nous, n'est que cela et rien que cela.

*

Je ferme les rideaux, et j'attends. En fait je n'attends rien, je me rends seulement *absent*. Nettoyé, ne serait-ce que pour quelques minutes, des impuretés qui ternissent et encombrent l'esprit, j'accède à une conscience d'où le moi est évacué, et je suis aussi apaisé que si je reposais en dehors de l'univers.

*

Dans un exorcisme du Moyen Age, on énumère toutes les parties du corps, même les moindres, que le démon est invité à quitter : on dirait un traité d'anatomie fou, qui séduit par l'excès de précision, la profusion de détails et l'inattendu. Une incantation minutieuse. *Sors des ongles !* C'est insensé mais non exempt d'effet poétique. Car la vraie poésie n'a rien de commun avec la « poésie ».

*

Dans tous nos rêves, même s'ils remontent au Déluge, est présent sans exception, ne fût-ce que pendant une fraction de seconde, quelque incident minime dont nous avons été témoins la veille. Cette régularité, que je n'ai pas cessé de vérifier pendant des années, est la seule constante, la seule loi ou apparence de loi, qu'il m'a été donné de constater dans l'incroyable gâchis nocturne.

*

La force dissolvante de la conversation. On comprend pourquoi et la méditation et l'action exigent le silence.

*

La certitude de n'être qu'un accident m'a escorté dans toutes les circonstances, propices ou contraires, et si elle m'a préservé de la tentation de me croire

126

nécessaire, elle ne m'a pas en revanche tout à fait guéri d'une certaine infatuation inhérente à la perte des illusions.

*

Il est rare de tomber sur un esprit libre, et quand on en rencontre un, on s'aperçoit que le meilleur de lui-même ne se révèle pas dans ses ouvrages (quand on écrit, on porte mystérieusement des chaînes) mais dans ces confidences où, dégagé de ses convictions ou de ses poses, comme de tout souci de rigueur ou d'honorabilité, il étale ses faiblesses. Et où il fait figure d'hérétique par rapport à lui-même.

*

Si le métèque n'est pas créateur en matière de langage, c'est parce qu'il veut faire *aussi bien* que les indigènes : qu'il y arrive ou non, cette ambition est sa perte.

*

Je commence et recommence une lettre, je n'avance pas, je piétine : quoi dire et comment ? Je ne sais même plus à qui elle était destinée. Il n'est guère que la passion ou l'intérêt qui trouve immédiatement le ton qu'il faut. Par malheur, le détachement est indifférence au langage, insensibilité aux mots. Or, c'est en perdant le contact avec les mots qu'on perd le contact avec les êtres.

*

Chacun a fait, à un moment donné, une expérience extraordinaire, qui sera pour lui, à cause du souvenir qu'il en garde, l'obstacle capital à sa métamorphose intérieure.

*

Je ne connais la paix que lorsque mes ambitions s'endorment. Dès qu'elles se réveillent, l'inquiétude me reprend. La vie est un état d'ambition. La taupe qui creuse ses couloirs est ambitieuse. L'ambition est en effet partout, et on en voit les traces jusque sur le visage des morts.

*

Aller aux Indes à cause du Védânta ou du bouddhisme, autant venir en France à cause du jansénisme. Encore celui-ci est-il plus récent, puisqu'il n'a disparu que depuis trois siècles.

*

Pas le moindre soupçon de réalité nulle part, sinon dans mes sensations de non-réalité.

*

Exister serait une entreprise totalement impraticable si on cessait d'accorder de l'importance à ce qui n'en a pas.

*

Pourquoi la Gîtâ place-t-elle si haut « le renoncement au fruit des actes » ?
Parce que ce renoncement est rare, irréalisable, contraire à notre nature, et que, y parvenir, c'est

détruire l'homme qu'on a été et qu'on est, tuer en soi-même tout le passé, l'œuvre de millénaires, s'affranchir, en un mot, de l'Espèce, de cette hideuse et immémoriale racaille.

*

Il fallait s'en tenir à l'état de larve, se dispenser d'évoluer, demeurer inachevé, se plaire à la sieste des éléments, et se consumer paisiblement dans une extase embryonnaire.

*

La vérité réside dans le drame individuel. Si je souffre réellement, je souffre beaucoup plus qu'un individu, je dépasse la sphère de mon moi, je rejoins l'essence des autres. La seule manière de nous acheminer vers l'universel est de nous occuper uniquement de ce qui nous regarde.

*

Quand on est *fixé* au doute, on ressent plus de volupté à faire des considérations sur lui qu'à le pratiquer.

*

Si on veut connaître un pays, on doit pratiquer ses écrivains de second ordre, qui seuls en reflètent la vraie nature. Les autres dénoncent ou transfigurent la nullité de leurs compatriotes : ils ne veulent ni ne peuvent se mettre de plain-pied avec eux. Ce sont des témoins suspects.

*

Dans ma jeunesse il m'arrivait de ne pas fermer l'œil
pendant des semaines. Je vivais dans le jamais vécu,
j'avais le sentiment que le temps de toujours, avec
l'ensemble de ses instants, s'était ramassé et concentré
en moi, où il culminait, où il triomphait. Je le faisais,
bien entendu, avancer, j'en étais le promoteur et le
porteur, la cause et la substance, et c'est en agent et en
complice que je participais à son apothéose. Dès que le
sommeil s'en va, l'inouï devient quotidien, facile : on y
entre sans préparatifs, on s'y installe, on s'y vautre.

*

Le nombre prodigieux d'heures que j'aurai gaspil-
lées à m'interroger sur le « sens » de tout ce qui est, de
tout ce qui arrive... Mais ce tout n'en comporte aucun,
les esprits sérieux le savent. Aussi emploient-ils leur
temps et leur énergie à des tâches plus utiles.

*

Mes affinités avec le byronisme russe, de Pétchorine
à Stavroguine, mon ennui et ma passion pour l'ennui.

*

X, que je n'apprécie pas spécialement, était en train
de raconter une histoire si stupide que je m'éveillai en
sursaut. Ceux que nous n'aimons pas brillent rarement
dans nos rêves.

*

Les vieux, faute d'occupations, ont l'air de vouloir
résoudre on ne sait quoi de très compliqué et d'y vouer

130

toutes les capacités dont ils disposent encore. Telle est peut-être la raison pour laquelle ils ne se tuent pas en masse, comme ils devraient le faire s'ils étaient un tantinet moins absorbés.

*

L'amour le plus passionné ne rapproche pas deux êtres autant que le fait la calomnie. Inséparables, le calomniateur et le calomnié constituent une unité « transcendante », ils sont pour toujours soudés l'un à l'autre. Rien ne pourra les disjoindre. L'un fait le mal, l'autre le subit, mais s'il le subit, c'est qu'il s'y est accoutumé, qu'il ne peut plus s'en passer, qu'il le réclame même. Il sait que ses vœux seront comblés, qu'on ne l'oubliera jamais, qu'il sera, quoi qu'il arrive, éternellement présent dans l'esprit de son infatigable bienfaiteur.

*

Le moine errant, c'est ce qu'on a fait de mieux jusqu'ici. En arriver à n'avoir plus *à quoi* renoncer ! Tel devrait être le rêve de tout esprit détrompé.

*

La négation sanglotante — seule forme tolérable de négation.

*

Heureux Job, qui n'étais pas obligé de commenter tes cris !

*

Tard dans la nuit. J'aimerais me déchaîner et fulminer, entreprendre une action sans précédent pour me décrisper, mais je ne vois pas contre qui ni contre quoi...

*

Mme d'Heudicourt, observe Saint-Simon, n'avait de sa vie dit du bien de personne qu'avec « quelques *mais* accablants ».

Merveilleuse définition, non pas de la médisance, mais de la conversation en général.

*

Tout ce qui vit fait du *bruit*. — Quel plaidoyer pour le minéral !

*

Bach était querelleur, processif, regardant, avide de titres, d'honneurs, etc. Eh bien ! qu'est-ce que cela peut faire ? Un musicologue, énumérant les cantates qui ont la mort pour thème, a pu dire que jamais mortel n'en eut autant la nostalgie. Cela seul compte. Le reste relève de la biographie.

*

Le malheur d'être incapable d'états neutres autrement que par la réflexion et l'effort. Ce qu'un idiot obtient d'emblée, il faut qu'on se démène nuit et jour pour y atteindre, et seulement par à-coups !

*

J'ai toujours vécu avec la vision d'une immensité d'instants en marche contre moi. Le temps aura été ma forêt de Dunsinane.

*

Les questions pénibles ou blessantes que nous posent les malappris, nous irritent, nous troublent, et peuvent avoir sur nous le même effet que certains procédés dont use telle technique orientale. Une stupidité épaisse, agressive, pourquoi ne déclencherait-elle pas l'illumination ? Elle vaut bien un coup de bâton sur la tête.

*

La connaissance n'est pas possible, et, si même elle l'était, elle ne résoudrait rien. Telle est la position du douteur. Que veut-il, que cherche-t-il donc ? Ni lui ni personne ne le saura jamais.
Le scepticisme est l'ivresse de l'impasse.

*

Assiégé par les autres, j'essaie de m'en dégager, sans grand succès, il faut bien le dire. Je parviens néanmoins à me ménager chaque jour quelques secondes d'entretien avec *celui que j'aurais voulu être*.

*

Arrivé à un certain âge, on devrait changer de nom et se réfugier dans un coin perdu où l'on ne connaîtrait personne, où l'on ne risquerait de revoir amis ni

133

ennemis, où l'on mènerait la vie paisible d'un malfaiteur surmené.

*

On ne peut réfléchir et être modeste. Dès que l'esprit se met en branle, il se substitue à Dieu et à n'importe quoi. Il est indiscrétion, empiétement, profanation. Il ne « travaille » pas, il disloque. La tension que trahissent ses démarches en révèle le caractère brutal, implacable. Sans une bonne dose de férocité, on ne saurait conduire une pensée jusqu'au bout.

*

La plupart des chambardeurs, des visionnaires et des sauveurs ont été soit épileptiques, soit dyspeptiques. Sur les vertus du haut mal, il y a unanimité ; aux embarras gastriques en revanche on reconnaît moins de mérites. Cependant rien n'invite davantage à tout chambouler qu'une digestion qui ne se laisse pas oublier.

*

Ma mission est de souffrir pour tous ceux qui souffrent *sans le savoir*. Je dois payer pour eux, expier leur inconscience, la chance qu'ils ont d'ignorer à quel point ils sont malheureux.

*

Chaque fois que le Temps me martyrise, je me dis que l'un de nous deux doit sauter, qu'il n'est pas possible de continuer indéfiniment dans ce cruel face à face...

*

Quand nous sommes aux extrémités du cafard, tout ce qui vient l'alimenter, lui offrir un surcroît de matière, l'élève à un niveau où nous ne pouvons plus le suivre, et le rend ainsi trop grand, trop démesuré : quoi d'étonnant que nous en arrivions à ne plus le regarder comme nôtre ?

*

Un malheur prédit, lorsqu'il survient enfin, est dix, est cent fois plus dur à supporter qu'un malheur que nous n'attendions pas. Tout au long de nos appréhensions, nous l'avons vécu d'avance, et, quand il surgit, ces tourments passés s'ajoutent aux présents, et forment ensemble une masse d'un poids intolérable.

*

Il tombe sous le sens que Dieu était une solution, et qu'on n'en trouvera jamais une aussi satisfaisante.

*

Je n'admirerais pleinement qu'un homme déshonoré — et heureux. Voilà quelqu'un, me dirais-je, qui fait fi de l'opinion de ses semblables et qui puise bonheur et consolation en lui seul.

*

L'homme du Rubicon avait, après Pharsale, pardonné à trop de monde. Une telle magnanimité parut offensante à ceux de ses amis qui l'avaient trahi et qu'il avait humiliés en les traitant sans rancune. Ils se sentaient diminués, bafoués, et ils le punirent pour sa clémence ou pour son mépris : il refusait donc de s'abaisser au ressentiment ! Se fût-il comporté en tyran, qu'ils l'auraient épargné. Mais ils lui en voulaient parce qu'il n'avait pas daigné leur inspirer suffisamment de peur.

*

Tout ce qui *est* engendre, tôt ou tard, le cauchemar. Tâchons donc d'inventer quelque chose de mieux que l'être.

*

La philosophie, qui s'était donné pour tâche de miner les croyances, lorsqu'elle vit le christianisme se répandre et sur le point de vaincre, fit cause commune avec le paganisme, dont les superstitions lui semblèrent préférables aux insanités triomphantes. En attaquant les dieux et en les démolissant, elle avait cru libérer les esprits ; en réalité, elle les livrait à une servitude nouvelle, pire que l'ancienne, le dieu qui allait se substituer aux dieux n'ayant un faible spécial ni pour la tolérance ni pour l'ironie.

La philosophie, objectera-t-on, n'est pas responsable de l'avènement de ce dieu, ce n'est pas lui qu'elle recommandait. Sans doute, mais elle aurait dû se douter qu'on ne sapait pas impunément les dieux, que d'autres viendraient prendre leur place et qu'elle n'avait rien à gagner au change.

*

Le fanatisme est la mort de la conversation. On ne bavarde pas avec un candidat au martyre. Que dire à

136

quelqu'un qui refuse de pénétrer vos raisons et qui, du moment que l'on ne s'incline pas devant les siennes, aimerait mieux périr que céder ? Vivement des dilettantes et des sophistes qui, eux du moins, entrent dans *toutes* les raisons...

*

C'est s'investir d'une supériorité bien abusive que de dire à quelqu'un ce qu'on pense de lui et de ce qu'il fait. La franchise n'est pas compatible avec un sentiment délicat, elle ne l'est même pas avec une exigence éthique.

*

Nos proches, entre tous, mettent le plus volontiers nos mérites en doute. La règle est universelle : le Bouddha lui-même n'y échappa pas : c'est un de ses cousins qui s'acharna le plus contre lui, et ensuite seulement, Mârâ, le diable.

*

Pour l'anxieux, il n'existe pas de différence entre succès et fiasco. Sa réaction à l'égard de l'un et de l'autre est la même. Les deux le dérangent également.

*

Quand je me tracasse un peu trop parce que je ne travaille pas, je me dis que je pourrais aussi bien être mort et qu'ainsi je travaillerais encore moins...

*

Plutôt dans un égout que sur un piédestal.

*

Les avantages d'un état d'éternelle virtualité me paraissent si considérables, que, lorsque je me mets à les dénombrer, je n'en reviens pas que le passage à l'être ait pu s'opérer jamais.

*

Existence = Tourment. L'équation me paraît évidente. Elle ne l'est pas pour tel de mes amis. Comment l'en convaincre ? Je ne peux lui *prêter* mes sensations ; or, elles seules auraient le pouvoir de le persuader, de lui apporter ce supplément de mal-être qu'il réclame avec insistance depuis si longtemps.

*

Si on voit les choses en noir, c'est parce qu'on les pèse dans le noir, parce que les pensées sont en général fruit de veilles, partant d'obscurité. Elles ne peuvent s'adapter à la vie pour la raison qu'elles n'ont pas été pensées *en vue* de la vie. L'idée des suites qu'elles pourraient comporter n'effleure même pas l'esprit. On est en dehors de tout calcul humain, de toute idée de salut ou de perdition, d'être ou de non-être, on est dans un silence à part, modalité supérieure du vide.

*

N'avoir pas encore digéré l'affront de naître.

*

Se dépenser dans des conversations autant qu'un épileptique dans ses crises.

*

Pour vaincre l'affolement ou une inquiétude tenace, il n'est rien de tel que de se figurer son propre enterrement. Méthode efficace, à la portée de tous. Pour n'avoir pas à y recourir trop souvent dans la journée, le mieux serait d'en éprouver le bienfait dès le lever. Ou alors de n'en user qu'à des moments exceptionnels, comme le pape Innocent IX qui, ayant commandé un tableau où il était représenté sur son lit de mort, y jetait un regard chaque fois qu'il lui fallait prendre une décision importante.

*

Il n'est pas de négateur qui ne soit assoiffé de quelque catastrophique *oui*.

*

On peut être certain que l'homme n'atteindra jamais à des profondeurs comparables à celles qu'il connut pendant des siècles d'entretien égoïste avec *son* Dieu.

*

Pas un instant où je ne sois extérieur à l'univers ! ... A peine m'étais-je apitoyé sur moi-même, sur ma condition de pauvre type, que je m'aperçus que les termes par lesquels je qualifiais mon malheur étaient ceux-là mêmes qui définissent la première particularité de « l'être suprême ».

*

Aristote, Thomas d'Aquin, Hegel — trois asservisseurs de l'esprit. La pire forme de despotisme est le *système*, en philosophie et en tout.

*

Dieu est ce qui survit à l'évidence que rien ne mérite d'être pensé.

*

Jeune, aucun plaisir ne valait celui de me créer des ennemis. Maintenant, dès que je m'en fais un, ma première pensée est de me réconcilier avec lui, pour que je n'aie plus à m'en occuper. Avoir des ennemis est une grande responsabilité. Mon fardeau me suffit, je ne peux plus porter celui des autres

*

La joie est une lumière qui se dévore elle-même, intarissablement ; c'est le soleil *à ses débuts*.

*

Quelques jours avant sa mort, Claudel remarquait qu'on ne devrait pas appeler Dieu infini mais inépuisable. Comme si cela ne revenait pas au même, ou presque ! N'empêche que ce souci d'exactitude, ce scrupule verbal au moment où il notait que son « bail » avec la vie était sur le point de cesser, est plus exaltant qu'un mot ou un geste « sublime ».

*

L'insolite n'est pas un critère. Paganini est plus surprenant et plus imprévisible que Bach.

*

Il faudrait se répéter chaque jour : Je suis l'un de ceux qui, par milliards, se traînent sur la surface du globe. L'un d'eux, et rien de plus. Cette banalité justifie n'importe quelle conclusion, n'importe quel comportement ou acte : débauche, chasteté, suicide, travail, crime, paresse ou rébellion.

... D'où il suit que chacun a raison de faire ce qu'il fait.

*

Tzintzoum. Ce mot risible désigne un concept majeur de la Kabbale. Pour que le monde existât, Dieu, qui était tout et partout, consentit à se rétrécir, à laisser un espace vide qui ne fût pas habité par lui : c'est dans ce « trou » que le monde prit place.

Ainsi occupons-nous le terrain vague qu'il nous a concédé par miséricorde ou par caprice. Pour que nous soyons, il s'est contracté, il a limité sa souveraineté. Nous sommes le produit de son amenuisement volontaire, de son effacement, de son absence partielle. Dans sa folie, il s'est donc amputé pour nous. Que n'eut-il le bon sens et le bon goût de rester *entier* !

*

Dans l' « Evangile selon les Egyptiens », Jésus proclame : « Les hommes seront les victimes de la mort, tant que les femmes enfanteront. » Et il précise : « Je suis venu détruire les œuvres de la femme. »

Quand on fréquente les vérités extrêmes des gnostiques, on aimerait aller, si possible, encore plus loin, dire quelque chose de jamais dit, qui pétrifie ou pulvérise l'histoire, quelque chose qui relève d'un néronisme cosmique, d'une démence à l'échelle de la matière.

*

Traduire une obsession, c'est la projeter hors de soi, c'est la chasser, c'est l'exorciser. Les obsessions sont les *démons* d'un monde sans foi.

*

L'homme accepte la mort mais non l'heure de sa mort. Mourir n'importe quand, sauf quand il faut que l'on meure !

*

Dès qu'on pénètre dans un cimetière, un sentiment de complète dérision bannit tout souci métaphysique. Ceux qui cherchent du « mystère » partout ne vont pas nécessairement au fond des choses. Le plus souvent le « mystère », comme l' « absolu », ne correspond qu'à un tic de l'esprit. C'est un mot dont on ne devrait se servir que lorsqu'on ne peut faire autrement, dans des cas vraiment désespérés.

*

Si je récapitule mes projets qui sont restés tels et ceux qui se sont réalisés, j'ai tout lieu de regretter que ces derniers n'aient pas eu le sort des premiers.

« Celui qui est enclin à la luxure est compatissant et miséricordieux ; ceux qui sont enclins à la pureté ne le sont pas. » (Saint Jean Climaque.)

Pour dénoncer avec une telle netteté et une telle vigueur, non pas les mensonges, mais l'essence même de la morale chrétienne, et de toute morale, il y fallait un saint, ni plus ni moins.

*

Nous acceptons sans frayeur l'idée d'un sommeil ininterrompu ; en revanche un éveil *éternel* (l'immortalité, si elle était concevable, serait bien cela), nous plonge dans l'effroi.

L'inconscience est une patrie ; la conscience, un exil.

*

Toute impression profonde est voluptueuse ou funèbre, ou les deux à la fois.

*

Personne n'a été autant que moi persuadé de la futilité de tout, personne non plus n'aura pris au tragique un si grand nombre de choses futiles.

*

Ishi, Indien américain, le dernier de son clan, après s'être caché pendant des années par peur des Blancs, réduit aux abois, se rendit un jour de plein gré aux exterminateurs des siens. Il croyait qu'on lui réserverait le même traitement. On le fêta. Il n'avait pas de postérité, il était vraiment le dernier.

L'humanité, une fois détruite ou simplement éteinte, on peut se figurer un survivant, l'unique, qui errerait sur la terre, sans même avoir *à qui* se livrer...

*

Au plus intime de lui-même, l'homme aspire à rejoindre la condition qu'il avait *avant* la conscience. L'histoire n'est que le détour qu'il emprunte pour y parvenir.

*

Une seule chose importe : apprendre à être perdant.

*

Tout phénomène est une version dégradée d'un autre phénomène plus vaste : le temps, une tare de l'éternité ; l'histoire, une tare du temps ; la vie, tare encore, de la matière.

Qu'est-ce qui est alors normal, qu'est-ce qui est sain ? L'éternité ? Elle-même n'est qu'une infirmité de Dieu.

VIII

Sans l'idée d'un univers raté, le spectacle de l'injustice sous tous les régimes conduirait même un aboulique à la camisole de force.

*

Anéantir donne un sentiment de puissance et flatte quelque chose d'obscur, d'*originel* en nous. Ce n'est pas en érigeant, c'est en pulvérisant que nous pouvons deviner les satisfactions secrètes d'un dieu. D'où l'attrait de la destruction et les illusions qu'elle suscite chez les frénétiques de tout âge.

*

Chaque génération vit dans l'absolu : elle se comporte comme si elle était parvenue au sommet, sinon à la fin, de l'histoire.

*

N'importe quel peuple, à un certain moment de sa carrière, se croit *élu*. C'est alors qu'il donne le meilleur et le pire de lui-même.

*

Que la Trappe soit née en France plutôt qu'en Italie ou en Espagne, ce n'est pas là un hasard. Les Espagnols et les Italiens parlent sans arrêt, c'est entendu, mais ils ne s'*écoutent* pas parler, alors que le Français savoure son éloquence, n'oublie jamais qu'il parle, en est on ne peut plus conscient. Lui seul pouvait considérer le silence comme une épreuve et une ascèse.

*

Ce qui me gâte la grande Révolution, c'est que tout s'y passe sur une scène, que les promoteurs en sont des comédiens-nés, que la guillotine n'est qu'un décor. L'histoire de France, dans son ensemble, paraît une histoire sur commande, une histoire *jouée :* tout y est parfait du point de vue théâtral. C'est une représentation, une suite de gestes, d'événements qu'on regarde plutôt qu'on ne subit, un spectacle de dix siècles. De là l'impression de frivolité que donne même la Terreur, vue de loin.

*

Les sociétés prospères sont de loin plus fragiles que les autres, puisqu'il ne leur reste à attendre que leur propre ruine, le bien-être n'étant pas un idéal quand on le possède, et encore moins quand il est là depuis des générations. Sans compter que la nature ne l'a pas inclus dans ses calculs et qu'elle ne saurait le faire sans périr.

*

Si les nations devenaient apathiques en même temps, il n'y aurait plus de conflits, plus de guerres, plus d'empires. Mais le malheur veut qu'il y ait des peuples jeunes, et des jeunes tout court — obstacle majeur aux rêves des philanthropes : faire en sorte que tous les hommes parviennent au même degré de lassitude ou d'avachissement...

*

On doit se ranger du côté des opprimés en toute circonstance, même quand ils ont tort, sans pourtant perdre de vue qu'ils sont pétris de la même boue que leurs oppresseurs.

*

Le propre des régimes agonisants est de permettre un mélange confus de croyances et de doctrines, et de donner en même temps l'illusion qu'on pourra retarder indéfiniment l'heure du choix...

C'est de là — et uniquement de là — que dérive le charme des périodes prérévolutionnaires.

*

Seules les fausses valeurs ont cours, pour la raison que tout le monde peut les assimiler, les contrefaire (le faux au second degré). Une idée qui réussit est nécessairement une pseudo-idée.

*

Les révolutions sont le *sublime* de la mauvaise littérature.

*

Ce qui est fâcheux dans les malheurs publics, c'est que n'importe qui s'estime assez compétent pour en parler.

*

Le droit de supprimer tous ceux qui nous agacent devrait figurer en première place dans la constitution de la Cité idéale.

*

La seule chose qu'on devrait apprendre aux jeunes est qu'il n'y a rien, mettons presque rien, à attendre de la vie. On rêve d'un *Tableau des Déceptions* où figureraient tous les mécomptes réservés à chacun, et qu'on afficherait dans les écoles.

*

Au dire de la princesse Palatine, Mme de Maintenon avait coutume de répéter pendant les années où, le roi mort, elle ne jouait plus aucun rôle : « Depuis quelque temps, il règne un esprit de vertige qui se répand partout. »

Cet « esprit de vertige », c'est ce que les perdants ont toujours constaté, à juste titre d'ailleurs, et on pourrait reconsidérer toute l'histoire en partant de cette formule.

*

Le Progrès est l'injustice que chaque génération commet à l'égard de celle qui l'a précédée.

*

Les repus se haïssent eux-mêmes non pas secrètement mais publiquement, et souhaitent être balayés d'une manière ou d'une autre. Ils préfèrent en tout cas que ce soit avec leur propre concours. C'est là l'aspect le plus curieux, le plus original d'une situation révolutionnaire.

*

Un peuple ne fait qu'une seule révolution. Les Allemands n'ont jamais réédité l'exploit de la Réforme, ou plutôt ils l'ont réédité sans l'égaler. La France est restée pour toujours tributaire de quatre-vingt-neuf. Egalement vraie pour la Russie et pour tous les pays, cette tendance à se plagier soi-même en matière de révolution, est tout ensemble rassurante et affligeante.

*

Les Romains de la décadence n'appréciaient que le repos grec *(otium graecum),* la chose qu'ils avaient méprisée le plus au temps de leur vigueur.

L'analogie avec les nations civilisées d'aujourd'hui est si flagrante, qu'il serait indécent d'y insister.

*

Alaric disait qu'un « démon » le poussait contre Rome.

Toute civilisation exténuée attend son barbare, et tout barbare attend son démon.

*

L'Occident : une pourriture qui sent bon, un cadavre parfumé.

*

Tous ces peuples étaient grands, parce qu'ils avaient de grands préjugés. Ils n'en ont plus. Sont-ils encore des nations ? Tout au plus des foules désagrégées.

*

Les Blancs méritent de plus en plus le nom de *pâles* que leur donnaient les Indiens d'Amérique.

*

En Europe, le bonheur finit à Vienne. Au-delà, malédiction sur malédiction, depuis toujours.

*

Les Romains, les Turcs et les Anglais ont pu fonder des empires durables parce que, réfractaires à toute doctrine, ils n'en ont imposé aucune aux nations assujetties. Jamais ils n'auraient réussi à exercer une si longue hégémonie s'ils avaient été affligés de quelque vice messianique. Oppresseurs inespérés, administrateurs et parasites, seigneurs sans convictions, ils avaient l'art de combiner autorité et indifférence, rigueur et laisser-aller. C'est cet art, secret du vrai maître, qui manqua aux Espagnols jadis, comme il devait manquer aux conquérants de notre temps.

*

Tant qu'une nation conserve la conscience de sa supériorité, elle est féroce, et respectée ; — dès qu'elle la perd, elle s'humanise, et ne compte plus.

*

Lorsque je fulmine contre l'époque, il me suffit, pour me rasséréner, de songer à ce qui arrivera, à la jalousie rétrospective de ceux qui nous suivront. Par certains côtés, nous appartenons à la vieille humanité, à celle qui pouvait encore regretter le paradis. Mais ceux qui viendront après nous n'auront même pas la ressource de ce regret, ils en ignoreront jusqu'à l'idée, jusqu'au mot !

*

Ma vision de l'avenir est si *précise* que, si j'avais des enfants, je les étranglerais sur l'heure.

*

Quand on pense aux salons berlinois, à l'époque romantique, au rôle qu'y jouèrent une Henriette Hertz ou une Rachel Levin, à l'amitié qui liait cette dernière au prince héritier Louis-Ferdinand, et lorsqu'on se dit ensuite que si elles avaient vécu en ce siècle elles auraient péri dans quelque chambre à gaz, on ne peut s'empêcher de considérer la croyance au progrès comme la plus fausse et la plus niaise des superstitions.

*

Hésiode est le premier à avoir élaboré une philosophie de l'histoire. C'est lui aussi qui a lancé l'idée de

153

déclin. Par là, quelle lumière n'a-t-il pas jetée sur le devenir historique ! Si, au cœur des origines, en plein monde posthomérique, il estimait que l'humanité en était à l'âge de fer, qu'aurait-il dit quelques siècles plus tard ? que dirait-il aujourd'hui ?

Sauf à des époques obnubilées par la frivolité ou l'utopie, l'homme a toujours pensé qu'il était parvenu au seuil du pire. Sachant ce qu'il savait, par quel miracle a-t-il pu varier sans cesse ses désirs et ses terreurs ?

*

Quand, au lendemain de la guerre de quatorze, on introduisit l'électricité dans mon village natal, ce fut un murmure général, puis la désolation muette. Mais lorsqu'on l'installa dans les églises (il y en avait trois), chacun fut persuadé que l'Antéchrist était venu et, avec lui, la fin des temps.

Ces paysans des Carpates avaient vu juste, avaient vu *loin*. Eux, qui sortaient de la préhistoire, savaient déjà, à l'époque, ce que les civilisés ne savent que depuis peu.

*

C'est de mon préjugé contre tout ce qui finit bien que m'est venu le goût des lectures historiques.

Les idées sont impropres à l'agonie ; elles meurent, c'est entendu, mais sans savoir mourir, alors qu'un événement n'existe qu'en vue de sa fin. Raison suffisante pour qu'on préfère la compagnie des historiens à celle des philosophes.

*

154

Lors de sa célèbre ambassade à Rome, au deuxième siècle avant notre ère, Carnéade en profita pour parler le premier jour en faveur de l'idée de justice, le lendemain contre. Dès ce moment, la philosophie, jusqu'alors inexistante dans ce pays aux mœurs saines, commença à y exercer ses ravages. Qu'est-ce donc que la philosophie ? *Le ver dans le fruit...*

Caton le Censeur, qui avait assisté aux performances dialectiques du Grec, en fut effrayé et demanda au Sénat de donner satisfaction aux délégués d'Athènes le plus tôt possible, tant il jugeait nuisible et même dangereuse leur présence. La jeunesse romaine ne devait pas fréquenter des esprits aussi dissolvants.

Sur le plan moral, Carnéade et ses compagnons étaient aussi redoutables que les Carthaginois sur le plan militaire. Les nations montantes craignent par-dessus tout l'absence de préjugés et d'interdits, l'impudeur intellectuelle, qui fait l'attrait des civilisations finissantes.

∗

Pour avoir réussi dans toutes ses entreprises, Héraclès est puni. De même, trop heureuse, Troie devait périr.

En songeant à cette vision commune aux tragiques, on est malgré soi amené à penser que le monde dit libre, comblé de toutes les chances, connaîtra inévitablement le sort d'Ilion, car la jalousie des dieux survit à leur disparition.

∗

« Les Français ne veulent plus travailler, ils veulent tous *écrire* », me disait ma concierge, qui ne savait pas qu'elle faisait ce jour-là le procès des vieilles civilisations.

*

Une société est condamnée quand elle n'a plus la force d'être bornée. Comment, avec un esprit ouvert, trop ouvert, se garantirait-elle des excès, des risques mortels de la liberté ?

*

Les querelles idéologiques n'atteignent au paroxysme que dans les pays où l'on s'est battu pour des mots, où l'on s'est fait tuer pour eux..., dans les pays, en somme, qui ont connu des guerres de religion

*

Un peuple qui a épuisé sa mission est comme un auteur qui se répète, non, qui n'a plus rien à dire. Car se répéter, c'est prouver que l'on croit encore à soi-même, et à ce qu'on a soutenu. Mais une nation finie n'a même plus la force de rabâcher ses devises de jadis, qui lui avaient assuré sa prééminence et son éclat.

*

Le français est devenu une langue provinciale. Les indigènes s'en accommodent. Le métèque seul en est inconsolable. Lui seul prend le deuil de la Nuance...

*

L'interprète des ambassadeurs envoyés par Xerxès pour demander aux Athéniens la terre et l'eau, Thémistocle, par un décret approuvé de tous, le fit condamner à mort, « pour avoir osé employer la langue grecque à exprimer les ordres d'un barbare ».

Un peuple ne commet un geste pareil qu'au sommet de sa carrière. Il est en pleine décadence, il est hors circuit dès qu'il ne croit plus à sa langue, dès qu'il cesse de penser qu'elle est la forme suprême d'expression, la langue même.

*

Un philosophe du siècle dernier a soutenu, dans sa candeur, que La Rochefoucauld avait raison *pour le passé*, mais qu'il serait infirmé par l'avenir. L'idée de progrès déshonore l'intellect.

*

Plus l'homme avance, moins il est à même de résoudre ses problèmes, et quand, au comble de l'aveuglement, il sera persuadé qu'il est sur le point d'aboutir, c'est alors que surviendra l'inouï.

*

Je me dérangerais, à la rigueur, pour l'Apocalypse, mais pour une révolution... Collaborer à une fin ou à une genèse, à une calamité ultime ou initiale, oui, mais non à un changement vers un mieux ou vers un pire quelconque.

*

N'a de convictions que celui qui n'a rien approfondi.

*

A la longue, la tolérance engendre plus de maux que l'intolérance. — Si ce fait est exact, il constitue l'accusation la plus grave qu'on puisse porter contre l'homme.

*

Dès que les animaux n'ont plus besoin d'avoir peur les uns des autres, ils tombent dans l'hébétude et prennent cet air accablé qu'on leur voit dans les jardins zoologiques. Les individus et les peuples offriraient le même spectacle, si un jour ils arrivaient à vivre en harmonie, à ne plus trembler ouvertement ou en cachette.

*

Avec le recul, plus rien n'est bon, ni mauvais. L'historien qui se mêle de juger le passé fait du journalisme *dans un autre siècle.*

*

Dans deux cents ans (puisqu'il faut être précis!), les survivants des peuples trop chanceux seront parqués dans des réserves, et on ira les voir, les contempler avec dégoût, commisération ou stupeur, et aussi avec une admiration maligne.

*

Les singes vivant en groupe rejettent, paraît-il, ceux d'entre eux qui d'une façon ou d'une autre ont frayé avec des humains. Un tel détail, combien on regrette qu'un Swift ne l'ait pas connu!

158

*

Faut-il exécrer son siècle ou tous les siècles ?
Se représente-t-on le Bouddha quittant le monde *à cause de ses contemporains* ?

*

Si l'humanité aime tant les sauveurs, forcenés qui croient sans vergogne en eux-mêmes, c'est parce qu'elle se figure que c'est en elle qu'ils croient.

*

La force de ce chef d'Etat est d'être chimérique et cynique. Un rêveur *sans scrupules.*

*

Les pires forfaits sont commis par enthousiasme, état morbide, responsable de presque tous les malheurs publics et privés.

*

L'avenir, allez-y voir, si cela vous chante. Je préfère m'en tenir à l'incroyable présent et à l'incroyable passé. Je vous laisse à vous le soin d'affronter l'Incroyable même.

*

— Vous êtes contre tout ce qu'on a fait depuis la dernière guerre, me disait cette dame à la page.
— Vous vous trompez de date. Je suis contre tout ce qu'on a fait depuis Adam.

159

*

Hitler est sans aucun doute le personnage le plus sinistre de l'histoire. Et le plus pathétique. Il a réussi à réaliser le contraire, exactement, de ce qu'il voulait, il a détruit point par point son idéal. C'est pour cela qu'il est un monstre à part, c'est-à-dire deux fois monstre, car son pathétique même est monstrueux.

*

Tous les grands événements ont été déclenchés par des fous, par des fous... médiocres. Il en sera ainsi, soyons-en certains, de la « fin du monde » elle-même.

*

Le *Zohar* enseigne que tous ceux qui font le mal sur terre ne valaient guère mieux dans le ciel, qu'ils étaient impatients d'en partir et que, se précipitant à l'entrée de l'abîme, ils ont « devancé le temps où ils devaient descendre dans ce monde ».

On discerne aisément ce qu'a de profond cette vision de la préexistence des âmes et de quelle utilité elle peut être lorsqu'il s'agit d'expliquer l'assurance et le triomphe des « méchants », leur solidité et leur compétence. Ayant de longue main préparé leur coup, il n'est pas étonnant qu'ils se partagent la terre : ils l'ont conquise avant d'y être..., de toute éternité en fait.

*

Ce qui distingue le véritable prophète des autres, c'est qu'il se trouve à l'origine de mouvements et de doctrines qui s'excluent et se combattent.

*

Dans une métropole, comme dans un hameau, ce qu'on aime encore le mieux est d'assister à la chute d'un de ses semblables.

*

L'appétit de destruction est si ancré en nous, que personne n'arrive à l'extirper. Il fait partie de la constitution de chacun, le fond de l'être même étant certainement démoniaque.

Le sage est un destructeur apaisé, retraité. Les autres sont des destructeurs *en exercice*.

*

Le malheur est un état passif, subi, tandis que la malédiction suppose une élection à rebours, partant une idée de mission, de force intérieure, qui n'est pas impliquée dans le malheur. Un individu — ou un peuple — maudit a nécessairement une autre classe qu'un individu — ou un peuple — malheureux.

*

L'histoire, à proprement parler, ne se répète pas, mais, comme les illusions dont l'homme est capable sont limitées en nombre, elles reviennent toujours sous un autre déguisement, donnant ainsi à une saloperie archidécrépite un air de nouveauté et un vernis tragique.

*

Je lis des pages sur Jovinien, saint Basile et quelques autres, Le conflit, aux premiers siècles, entre l'orthodoxie et l'hérésie, ne paraît pas plus insensé que celui auquel nous ont accoutumés les idéologies modernes. Les modalités de la controverse, les passions en jeu, les folies et les ridicules, sont quasi identiques. Dans les deux cas, tout tourne autour de l'irréel et de l'invérifiable, qui forment les assises mêmes des dogmes tant religieux que politiques. L'histoire ne serait tolérable que si on échappait et aux uns et aux autres. Il est vrai qu'elle cesserait alors, pour le plus grand bien de tous, de ceux qui la subissent, comme de ceux qui la font.

*

Ce qui rend la destruction suspecte, c'est sa facilité. Le premier venu peut y exceller. Mais si détruire est aisé, se détruire l'est moins. Supériorité du déchu sur l'agitateur ou l'anarchiste.

*

Si j'avais vécu aux commencements du christianisme, j'en aurais, je le crains, subi la séduction. Je hais ce sympathisant, ce fanatique hypothétique, je ne me pardonne pas ce ralliement d'il y a deux mille ans...

*

Tiraillé entre la violence et le désabusement, je me fais l'effet d'un terroriste qui, sorti avec l'idée de perpétrer quelque attentat, se serait arrêté en chemin pour consulter l'Ecclésiaste ou Epictète.

*

L'homme, à en croire Hegel, ne sera tout à fait libre « qu'en s'entourant d'un monde entièrement créé par lui ».

162

Mais c'est précisément ce qu'il a fait, et il n'a jamais été aussi enchaîné, aussi esclave que maintenant.

*

La vie ne deviendrait supportable qu'au sein d'une humanité qui n'aurait plus aucune illusion en réserve, d'une humanité complètement détrompée et *ravie* de l'être.

*

Tout ce que j'ai pu sentir et penser se confond avec un exercice d'anti-utopie.

*

L'homme ne durera pas. Guetté par l'épuisement, il devra payer pour sa carrière trop originale. Car il serait inconcevable et contre nature qu'il traînât long-temps et qu'il finît bien. Cette perspective est dépri-mante, donc vraisemblable.

*

Le « despotisme éclairé » : seul régime qui puisse séduire un esprit revenu de tout, incapable d'être complice des révolutions, puisqu'il ne l'est même pas de l'histoire.

*

Rien de plus pénible que deux prophètes contempo-rains. L'un d'eux doit s'effacer et disparaître, s'il ne veut s'exposer au ridicule. A moins qu'ils n'y tombent tous les deux, ce qui serait la solution la plus équitable.

*

Je suis remué, bouleversé même, chaque fois que je tombe sur un *innocent.* D'où vient-il ? Que cherche-t-il ? Son apparition n'annonce-t-elle pas quelque événement fâcheux ? C'est un trouble bien particulier qu'on éprouve devant quelqu'un qu'on ne saurait en aucune manière appeler son semblable.

*

Partout où les civilisés firent leur apparition pour la première fois, ils furent considérés par les indigènes comme des êtres malfaisants, comme des revenants, des spectres. Jamais comme des *vivants !*

Intuition inégalee, coup d'œil prophétique, s'il en fut.

*

Si chacun avait « compris », l'histoire aurait cessé depuis longtemps. Mais on est foncièrement, on est biologiquement inapte à « comprendre ». Et si même tous comprenaient, sauf un, l'histoire se perpétuerait à cause de lui, à cause de son aveuglement. A cause d'une *seule* illusion !

*

X soutient que nous sommes au bout d'un « cycle cosmique » et que tout va bientôt craquer. De cela, il ne doute pas un instant.

En même temps, il est père de famille, et d'une famille nombreuse. Avec des certitudes comme les siennes, par quelle aberration s'est-il appliqué à jeter dans un monde fichu enfant après enfant ? Si on

164

prévoit la Fin, si on est sûr qu'elle ne tardera pas, si on l'escompte même, autant l'attendre seul. On ne procrée pas à Patmos.

*

Montaigne, un sage, n'a pas eu de postérité ; Rousseau, un hystérique, remue encore les nations.

Je n'aime que les penseurs qui n'ont inspiré aucun tribun.

*

En 1441, au concile de Florence, il est décrété que les païens, les juifs, les hérétiques et les schismatiques n'auront aucune part à la « vie éternelle » et que tous, à moins de se tourner, avant de mourir, vers la véritable religion, iront droit en enfer.

C'est du temps que l'Eglise professait de pareilles énormités qu'elle était vraiment l'Eglise. Une institution n'est vivante et forte que si elle rejette tout ce qui n'est pas elle. Par malheur, il en est de même d'une nation ou d'un régime.

*

Un esprit sérieux, honnête, ne comprend rien, ne peut rien comprendre, à l'histoire. Elle est en échange merveilleusement apte à pourvoir en délices un érudit sardonique.

*

Extraordinaire douceur à la pensée qu'étant homme, on est né sous une mauvaise étoile, et que tout ce qu'on a entrepris et tout ce qu'on va entreprendre sera choyé par la malchance.

*

Plotin s'était pris d'amitié pour un sénateur romain qui avait renvoyé ses esclaves, renoncé à ses biens, et qui mangeait et couchait chez ses amis, parce qu'il ne possédait plus rien. Ce sénateur, du point de vue « officiel », était un égaré, son cas devait paraître inquiétant, et il l'était du reste : un *saint* au Sénat... Sa présence, sa possibilité même, quel signe ! Les hordes n'étaient pas loin...

*

L'homme qui a complètement vaincu l'égoïsme, qui n'en garde plus aucune trace, ne peut durer au-delà de vingt et un jours, est-il enseigné dans une école védantine moderne.

Aucun moraliste occidental, même le plus noir, n'aurait osé avancer sur la nature humaine une précision aussi effrayante, aussi révélatrice.

*

On invoque de moins en moins le « progrès » et de plus en plus la « mutation », et tout ce qu'on allègue pour en illustrer les avantages n'est que symptôme sur symptôme d'une catastrophe hors pair.

*

On ne peut respirer — et gueuler — que dans un régime pourri. Mais on ne s'en avise qu'après avoir contribué à sa destruction, et lorsqu'on n'a plus que la faculté de le regretter.

*

Ce qu'on appelle instinct créateur n'est qu'une déviation, qu'une perversion de notre nature : nous n'avons pas été mis au monde pour innover, pour bouleverser mais pour jouir de notre semblant d'être, pour le liquider doucement et disparaître ensuite sans bruit.

*

Les Aztèques avaient raison de croire qu'il fallait apaiser les dieux, leur offrir tous les jours du sang humain pour empêcher l'univers de s'écrouler, de retomber dans le chaos.

Depuis longtemps nous ne croyons plus aux dieux et ne leur offrons plus de sacrifices. Le monde est pourtant toujours là. Sans doute. Seulement nous n'avons plus la chance de savoir pourquoi il ne se défait pas sur-le-champ.

IX

Tout ce que nous poursuivons, c'est par besoin de tourment. La quête du salut est elle-même un tourment, le plus subtil et le mieux camouflé de tous.

*

S'il est vrai que par la mort on redevienne ce qu'on était avant d'être, n'aurait-il pas mieux valu s'en tenir à la pure possibilité, et n'en point bouger ? A quoi bon ce crochet, quand on pouvait demeurer pour toujours dans une plénitude irréalisée ?

*

Quand mon corps me fausse compagnie, je me demande comment, avec une charogne pareille, lutter contre la démission des organes...

*

Les dieux antiques se moquaient des humains, les enviaient, les traquaient et, à l'occasion, les frappaient. Le Dieu des Evangiles étant moins railleur et moins jaloux, les mortels n'ont même pas, dans leurs infortunes, la consolation de pouvoir l'accuser. C'est là qu'il faudrait chercher la raison de l'absence ou de l'impossibilité d'un Eschyle chrétien. Le Dieu *bon* a tué la tragédie. Zeus a mérité autrement de la littérature.

*

Hantise, folie de l'abdication, d'aussi loin qu'il me souvienne. Seulement, abdiquer quoi ?

Si jadis je souhaitais tant être quelqu'un, ce n'était que pour la satisfaction de pouvoir dire un jour, comme Charles Quint à Yuste : « Je ne suis plus rien. »

*

Certaines *Provinciales* furent récrites jusqu'à dix-sept fois. On reste interdit que Pascal ait pu dépenser tant de verve et de temps pour une œuvre dont l'intérêt nous paraît aujourd'hui minime. Toute polémique date, toute polémique avec les hommes. Dans les *Pensées*, le débat était avec Dieu. Cela nous regarde encore un peu.

*

Saint Séraphim de Sarov, durant les quinze ans qu'il passa dans une réclusion complète, n'ouvrait la porte de sa cellule à personne, pas même à l'évêque qui visitait de temps en temps l'ermitage. « Le silence, disait-il, rapproche l'homme de Dieu et le rend sur la terre semblable aux anges. »

Ce que le saint aurait dû ajouter est que le silence n'est jamais plus profond que dans l'impossibilité de prier...

172

Les modernes ont perdu le sens du destin et, par là même, le goût de la lamentation. Au théâtre, on devrait, toute affaire cessante, ressusciter le chœur, et, aux funérailles, les pleureuses.

*

L'anxieux s'agrippe à tout ce qui peut renforcer, stimuler son providentiel malaise : vouloir l'en guérir c'est ébranler son équilibre, l'anxiété étant la base de son existence et de sa prospérité. Le confesseur malin sait qu'elle est nécessaire, qu'on ne peut s'en passer une fois qu'on l'a connue. Comme il n'ose en proclamer les bienfaits, il se sert d'un détour, il vante le remords, anxiété admise, anxiété honorable. Ses clients lui en sont reconnaissants. Aussi réussit-il à les conserver sans peine, alors que ses collègues laïcs se débattent et s'aplatissent pour garder les leurs.

*

Vous me disiez que la mort n'existe pas. J'y consens, à condition de préciser aussitôt que rien n'existe. Accorder la réalité à n'importe quoi et la refuser à ce qui paraît si manifestement réel, est pure extravagance.

*

Lorsqu'on a commis la folie de confier à quelqu'un un secret, le seul moyen d'être sûr qu'il le gardera pour lui, est de le tuer sur-le-champ.

*

« Les maladies, les unes de jour, les autres de nuit, à leur guise, visitent les hommes, apportant la souf-

173

france aux mortels — en silence, car le sage Zeus leur a refusé la parole. » (Hésiode.)

Heureusement, car, muettes, elles sont déjà atroces. Bavardes, que seraient-elles ? Peut-on en imaginer une seule *s'annonçant* ? A la place des symptômes, des proclamations ! Zeus, pour une fois, aura fait preuve de délicatesse.

*

Dans les époques de stérilité, on devrait hiberner, dormir jour et nuit pour conserver ses forces, au lieu de les dépenser en mortifications et en rages.

*

On ne peut admirer quelqu'un que s'il est aux trois quarts irresponsable. L'admiration n'a rien à voir avec le respect.

*

L'avantage non négligeable d'avoir beaucoup haï les hommes est d'en arriver à les supporter par épuisement de cette haine même.

*

Les volets une fois fermés, je m'allonge dans l'obscurité. Le monde extérieur, rumeur de moins en moins distincte, se volatilise. Il ne subsiste plus que moi et... c'est là le hic. Des ermites ont passé leur vie à dialoguer avec ce qu'il y avait de plus caché en eux. Que ne puis-je, à leur exemple, me livrer à cet exercice extrême, où l'on rejoint l'intimité de son propre être ! C'est cet entretien du moi avec le soi, c'est ce passage de l un à l'autre qui importe, et qui n'a de valeur que si on le renouvelle sans arrêt, de telle manière que le moi finisse par être résorbé dans l'autre, dans sa version essentielle.

*

Même auprès de Dieu, le mécontentement grondait, comme en témoigne la rébellion des anges, la première en date. C'est à croire qu'à tous les niveaux de la création, on ne pardonne à personne sa supériorité. On peut même concevoir une fleur *envieuse*.

*

Les vertus n'ont pas de visage. Impersonnelles, abstraites, conventionnelles, elles s'usent plus vite que les vices, lesquels, autrement chargés de vitalité, se définissent et s'aggravent avec l'âge.

*

« Tout est rempli de dieux », disait Thalès, à l'aube de la philosophie ; à l'autre bout, à ce crépuscule où nous sommes parvenus, nous pouvons proclamer, non seulement par besoin de symétrie, mais encore par respect de l'évidence, que « tout est vide de dieux ».

*

J'étais seul dans ce cimetière dominant le village, quand une femme enceinte y entra. J'en sortis aussitôt, pour n'avoir pas à regarder de près cette porteuse de cadavre, ni à ruminer sur le contraste entre un ventre agressif et des tombes effacées, entre une fausse promesse et la fin de toute promesse.

*

L'envie de prier n'a rien à voir avec la foi. Elle émane d'un accablement spécial, et durera autant que lui, quand bien même les dieux et leur souvenir disparaîtraient à jamais.

*

« Aucune parole ne peut espérer autre chose que sa propre défaite. » (Grégoire Palamas.)
Une condamnation aussi radicale de toute littérature ne pouvait venir que d'un mystique, d'un professionnel de l'Inexprimable.

*

Dans l'Antiquité, on recourait volontiers, parmi les philosophes surtout, à l'asphyxie volontaire, on retenait son souffle jusqu'à ce que mort s'ensuive. Ce mode si élégant, et cependant si pratique, d'en finir, a disparu complètement, et il n'est pas du tout sûr qu'il puisse ressusciter un jour.

*

On l'a dit et redit : l'idée de destin, qui suppose changement, histoire, ne s'applique pas à un être immuable. Ainsi, on ne saurait parler du « destin » de Dieu.
Non sans doute, en théorie. En pratique, on ne fait que cela, singulièrement aux époques où les croyances se dissolvent, où la foi est branlante, où plus rien ne semble pouvoir braver le temps, où Dieu lui-même est entraîné dans la déliquescence générale.

*

Dès qu'on commence à *vouloir*, on tombe sous la juridiction du Démon.

*

La vie n'est rien ; la mort est tout. Cependant il n'existe pas quelque chose qui soit la mort, indépendamment de la vie. C'est justement cette absence de réalité distincte, autonome, qui rend la mort universelle ; elle n'a pas de domaine à elle, elle est omniprésente, comme tout ce qui manque d'identité, de limite, et de tenue : une infinitude indécente.

*

Euphorie. Incapable de me représenter mes humeurs coutumières et les réflexions qu'elles engendrent, poussé par je ne sais quelle force, j'exultais sans motifs, et c'est, me disais-je, cette jubilation d'origine inconnue que doivent ressentir ceux qui s'affairent et combattent, ceux qui *produisent*. Ils ne veulent ni ne peuvent penser à ce qui les nie. Y penseraient-ils que cela ne tirerait pas à conséquence, comme ce fut le cas pour moi durant cette journée mémorable.

*

Pourquoi broder sur ce qui exclut le commentaire ? Un texte expliqué n'est plus un texte. On vit avec une idée, on ne la désarticule pas ; on lutte avec elle, on n'en décrit pas les étapes. L'histoire de la philosophie est la négation de la philosophie.

*

Ayant voulu savoir, par un scrupule assez douteux, de quelles choses exactement j'étais fatigué, je me mis à en dresser la liste : bien qu'incomplète, elle me parut si longue, et si déprimante, que je crus préférable de me rabattre sur la *fatigue en soi,* formule flatteuse qui, grâce à son ingrédient philosophique, remonterait un pestiféré.

*

Destruction et éclatement de la syntaxe, victoire de l'ambiguïté et de l'à-peu-près. Tout cela est très bien. Seulement essayez de rédiger votre testament, et vous verrez si la défunte rigueur était si méprisable.

*

L'aphorisme ? Du feu sans flamme. On comprend que personne ne veuille s'y réchauffer.

*

La « prière ininterrompue », telle que l'ont préconisée les hésychastes, je ne pourrais m'y élever, lors même que je perdrais la raison. De la piété je ne comprends que les débordements, les excès suspects, et l'ascèse ne me retiendrait pas un instant si on n'y rencontrait toutes ces choses qui sont le partage du mauvais moine : indolence, gloutonnerie, goût de la désolation, avidité et aversion du monde, tiraillement entre tragédie et équivoque, espoir d'un éboulement intérieur...

*

Contre l'acédie, je ne me rappelle plus quel Père recommande le travail manuel.

Admirable conseil, que j'ai toujours pratiqué spontanément : il n'y a pas de cafard, cette acédie séculière, qui résiste au bricolage.

*

Depuis des années, sans café, sans alcool, sans tabac ! Par bonheur, l'anxiété est là, qui remplace utilement les excitants les plus forts.

*

Le reproche le plus grave à faire aux régimes policiers est qu'ils obligent à détruire, par mesure de prudence, lettres et journaux intimes, c'est-à-dire ce qu'il y a de moins faux en littérature.

*

Pour tenir l'esprit en éveil, la calomnie se révèle aussi efficace que la maladie : le même sur le qui-vive, la même attention crispée, la même insécurité, le même affolement qui vous fouette, le même enrichissement funeste.

*

Je ne suis rien, c'est évident, mais, comme pendant longtemps j'ai voulu être quelque chose, cette volonté, je n'arrive pas à l'étouffer : elle existe puisqu'elle a existé, elle me travaille et me domine, bien que je la rejette. J'ai beau la reléguer dans mon passé, elle se rebiffe et me harcèle : n'ayant jamais été satisfaite, elle s'est maintenue intacte, et n'entend pas se plier à mes injonctions. Pris entre ma volonté et moi, que puis-je faire ?

*

Dans son *Echelle du Paradis*, saint Jean Climaque note qu'un moine orgueilleux n'a pas besoin d'être persécuté par le démon : il est lui-même son propre démon.

Je pense à X, qui a raté sa vie au couvent. Personne n'était mieux fait pour se distinguer dans le monde et y briller. Inapte à l'humilité, à l'obéissance, il a choisi la solitude et s'y est enlisé. Il n'avait rien en lui pour devenir, selon l'expression du même Jean Climaque, « l'amant de Dieu ». Avec du sarcasme, on ne peut faire son salut, ni aider les autres à faire le leur. Avec du sarcasme, on peut seulement masquer ses blessures, sinon ses dégoûts.

*

C'est une grande force, et une grande chance, que de pouvoir vivre sans ambition aucune. Je m'y astreins. Mais le fait de m'y astreindre participe encore de l'ambition.

*

Le temps vide de la méditation est, à la vérité, le seul temps plein. Nous ne devrions jamais rougir d'accumuler des instants vacants. Vacants en apparence, remplis en fait. Méditer est un loisir suprême, dont le secret s'est perdu.

*

Les gestes nobles sont toujours suspects. On regrette, chaque fois, de les avoir faits. C'est du faux, du théâtre, de la pose. Il est vrai qu'on regrette presque autant les gestes ignobles.

180

*

Si je repense à n'importe quel moment de ma vie, au plus fébrile comme au plus neutre, qu'en est-il resté, et quelle différence y a-t-il maintenant entre eux ? Tout étant devenu semblable, sans relief et sans réalité, c'est quand je ne *sentais* rien que j'étais le plus près de la vérité, j'entends de mon état actuel où je récapitule mes expériences. A quoi bon avoir éprouvé quoi que ce soit ? Plus aucune « extase » que la mémoire ou l'imagination puisse ressusciter !

*

Personne n'arrive, avant son dernier moment, à *user* totalement sa mort : elle conserve, même pour l'agonisant-né, un rien de nouveauté.

*

Suivant la Kabbale, Dieu créa les âmes dès le commencement, et elles étaient toutes devant lui sous la forme qu'elles allaient prendre plus tard en s'incarnant. Chacune d'elles, quand son temps est venu, reçoit l'ordre d'aller rejoindre le corps qui lui est destiné mais chacune, en pure perte, implore son Créateur de lui épargner cet esclavage et cette souillure.

Plus je pense à ce qui ne put manquer de se produire lorsque le tour de la mienne fut arrivé, plus je me dis que s'il en est une qui, plus que les autres, dut renâcler à s'incarner, ce fut bien elle.

*

On accable le sceptique, on parle de « l'automatisme du doute », tandis qu'à propos d'un croyant on ne dit jamais qu'il est tombé dans l' « automatisme de la foi ». Cependant la foi comporte un caractère autrement machinal que le doute, lequel a l'excuse de passer de surprise en surprise, — à l'intérieur du désarroi, il est vrai.

*

Ce rien de lumière en chacun de nous et qui remonte bien avant notre naissance, bien avant toutes les naissances, c'est ce qu'il importe de sauvegarder, si nous voulons renouer avec cette clarté lointaine, dont nous ne saurons jamais pourquoi nous fûmes séparés.

*

Je n'ai pas connu une seule sensation de plénitude, de bonheur véritable, sans penser que c'était le moment ou jamais de m'effacer pour toujours.

*

Un moment vient où il nous paraît oiseux d'avoir à choisir entre la métaphysique et l'amateurisme, entre l'insondable et l'anecdote.

*

Pour bien mesurer le recul que représente le christianisme par rapport au paganisme, on n'a qu'à comparer les pauvretés qu'ont débitées les Pères de l'Eglise sur le suicide avec les opinions émises sur le même sujet par un Pline, un Sénèque et même un Cicéron.

*

A quoi rime ce qu'on dit ? Cette suite de propositions qui constitue le discours, a-t-elle un sens ? Et ces propositions, prises une à une, ont-elles un objet ?

On ne peut *parler* que si on fait abstraction de cette question, ou qu'on se la pose le moins souvent possible.

*

« Je me fous de *tout* » — si ces paroles ont été prononcées, ne serait-ce qu'une seule fois, froidement, en parfaite connaissance de ce qu'elles signifient, l'histoire est justifiée et, avec elle, nous tous.

*

« Malheur à vous quand tout le monde dira du bien de vous ! »

Le Christ prophétisait là sa propre fin. Tous disent maintenant du bien de lui, même les incroyants les plus endurcis, eux surtout. Il savait bien qu'il succomberait un jour à l'approbation universelle.

Le christianisme est perdu s'il ne subit des persécutions aussi impitoyables que celles dont il fut l'objet à ses débuts. Il devrait se susciter coûte que coûte des ennemis, se préparer à lui-même de grandes calamités. Seul un nouveau Néron pourrait peut-être le sauver encore...

*

Je crois la parole récente, je me figure mal un dialogue qui remonte au-delà de dix mille ans. Je me figure encore plus mal qu'il puisse y en avoir un, je ne dis pas dans dix mille, dans mille ans seulement.

183

*

Dans un ouvrage de psychiatrie, ne me retiennent que les propos des malades ; dans un livre de critique, que les citations.

*

Cette Polonaise, qui est au-delà de la santé et de la maladie, au-delà même du vivre et du mourir, personne ne peut rien pour elle. On ne guérit pas un fantôme, et encore moins un délivré-vivant. On ne guérit que ceux qui appartiennent à la terre, et y ont encore des racines, si superficielles soient-elles.

*

Les périodes de stérilité que nous traversons coïncident avec une exacerbation de notre discernement, avec l'éclipse du dément en nous.

*

Aller jusqu'aux extrémités de son art et, plus encore, de son être, telle est la loi de quiconque s'estime tant soit peu *élu*.

*

C'est à cause de la parole que les hommes donnent l'illusion d'être libres. S'ils faisaient — sans un mot — ce qu'ils font, on les prendrait pour des robots. En parlant, ils se trompent eux-mêmes, comme ils trompent les autres : en annonçant ce qu'ils vont exécuter, comment pourrait-on penser qu'ils ne sont pas maîtres de leurs actes ?

*

Au fond de soi, chacun se sent et se croit immortel, dût-il savoir qu'il va expirer dans un instant. On peut tout comprendre, tout admettre, tout *réaliser,* sauf sa mort, alors même qu'on y pense sans relâche et que l'on y est résigné.

*

Aux abattoirs, je regardai, ce matin-là, les bêtes qu'on acheminait au massacre. Presque toutes, au dernier moment, refusaient d'avancer. Pour les y décider, on les frappait sur les pattes de derrière.

Cette scène me revient souvent à l'esprit lorsque, éjecté du sommeil, je n'ai pas la force d'affronter le supplice quotidien du Temps.

*

Percevoir le caractère transitoire de tout, je me targue d'y exceller. Drôle d'excellence qui m'aura gâté toutes mes joies ; mieux : toutes mes sensations.

*

Chacun expie son premier instant.

*

Pendant une seconde, je crois avoir ressenti ce que l'absorption dans le Brahman peut bien signifier pour un fervent du Védânta. J'aurais tant voulu que cette seconde fût extensible, indéfiniment !

*

J'ai cherché dans le doute un remède contre l'anxiété. Le remède a fini par faire cause commune avec le mal.

*

« Si une doctrine se répand, c'est que le ciel l'aura voulu. » (Confucius.)

... C'est ce dont j'aimerais me persuader toutes les fois que, devant telle ou telle aberration victorieuse, ma rage frise l'apoplexie.

*

La quantité d'exaltés, de détraqués et de dégénérés que j'ai pu admirer ! Soulagement voisin de l'orgasme à l'idée qu'on n'embrassera plus jamais une cause, quelle qu'elle soit...

*

Est-ce un acrobate ? est-ce un chef d'orchestre happé par l'Idée ? Il s'emballe, puis se modère, il alterne l'allegro et l'andante, il est maître de soi comme le sont les fakirs ou les escrocs. Tout le temps qu'il parle, il donne l'impression de chercher, mais on ne saura jamais quoi : un expert dans l'art de contrefaire le penseur. S'il disait une seule chose parfaitement nette, il serait perdu. Comme il ignore, autant que ses auditeurs, où il veut en venir, il peut continuer pendant des heures, sans épuiser l'émerveillement des fantoches qui l'écoutent.

*

C'est un privilège que de vivre en conflit avec son temps. A chaque moment on est conscient qu'on ne pense pas comme les autres. Cet état de dissemblance aigu, si indigent, si stérile qu'il paraisse, possède néanmoins un statut philosophique, qu'on chercherait en pure perte dans les cogitations accordées aux événements.

*

« On n'y peut rien », ne cessait de répondre cette nonagénaire à tout ce que je lui disais, à tout ce que je hurlais dans ses oreilles, sur le présent, sur l'avenir, sur la marche des choses...

Dans l'espoir de lui arracher quelque autre réponse, je continuais avec mes appréhensions, mes griefs, mes plaintes. N'obtenant d'elle que le sempiternel « On n'y peut rien », je finis par en avoir assez, et m'en allai, irrité contre moi, irrité contre elle. Quelle idée de s'ouvrir à une imbécile !

Une fois dehors, revirement complet. « Mais la vieille a raison. Comment n'ai-je pas saisi immédiatement que sa rengaine renfermait une vérité, la plus importante sans doute, puisque tout ce qui arrive la proclame et que tout en nous la refuse ? »

X

Deux sortes d'intuitions : les originelles (Homère, Upanishads, folklore) et les tardives (bouddhisme Mahâyâna, stoïcisme romain, gnose alexandrine). Eclairs premiers et lueurs exténuées. L'éveil de la conscience et la lassitude d'être éveillé.

*

S'il est vrai que ce qui périt n'a jamais existé, la naissance, source du périssable, existe aussi peu que le reste.

*

Attention aux euphémismes ! Ils aggravent l'horreur qu'ils sont censés déguiser.

A la place de *décédé* ou de *mort,* employer *disparu,* me semble saugrenu, voire insensé.

*

Quand l'homme oublie qu'il est mortel, il se sent porté à faire de grandes choses et parfois il y arrive. Cet oubli, fruit de la démesure, est en même temps la cause de ses malheurs. « Mortel, pense en mortel. » L'Antiquité a inventé la *modestie tragique*.

*

De toutes les statues équestres d'empereurs romains, seule a survécu aux invasions barbares et à l'érosion des siècles celle de Marc Aurèle, le moins empereur de tous, et qui se serait accommodé de n'importe quelle autre condition.

*

Levé avec force projets en tête, j'allais travailler, j'en étais convaincu, toute la matinée. A peine m'étais-je assis à ma table, que l'odieuse, l'infâme, et persuasive rengaine : « Qu'es-tu venu chercher dans ce monde ? » brisa net mon élan. Et je regagnai, comme d'ordinaire, mon lit avec l'espoir de trouver quelque réponse, de me rendormir plutôt.

*

On opte, on tranche aussi longtemps qu'on s'en tient à la surface des choses ; dès qu'on va au fond, on ne peut plus trancher ni opter, on ne peut plus que regretter la surface...

*

La peur d'être dupe est la version vulgaire de la recherche de la Vérité.

*

Quand on se connaît bien, si on ne se méprise pas totalement, c'est parce qu'on est trop las pour se livrer à des sentiments extrêmes.

*

Il est desséchant de suivre une doctrine, une croyance, un système — pour un écrivain surtout ; à moins qu'il ne vive, comme cela arrive souvent, en contradiction avec les idées dont il se réclame. Cette contradiction, ou cette trahison, le stimule, et le maintient dans l'insécurité, la gêne et la honte, conditions propices à la production.

*

Le Paradis était l'endroit où l'on savait tout mais où l'on n'expliquait rien. L'univers d'avant le péché, d'avant le *commentaire*...

*

Je n'ai pas la foi, heureusement. L'aurais-je, que je vivrais avec la peur constante de la perdre. Ainsi, loin de m'aider, ne ferait-elle que me nuire.

*

Un imposteur, un « fumiste », conscient de l'être, donc spectateur de soi-même, est nécessairement plus avancé dans la connaissance qu'un esprit posé, plein de mérites, et tout d'une pièce.

*

Quiconque possède un corps a droit au titre de réprouvé. Si, de plus, il est affligé d'une « âme », il n'y a pas d'anathème auquel il ne puisse prétendre.

*

Devant quelqu'un qui a tout perdu, quel langage tenir ? Le plus vague, le plus diffus, sera toujours le plus efficace.

*

Suprématie du regret : les actes que nous n'avons pas accomplis, forment, du fait qu'ils nous poursuivent, et que nous y pensons sans cesse, le seul contenu de notre conscience.

*

On voudrait parfois être cannibale, moins pour le plaisir de dévorer tel ou tel que pour celui de le vomir.

*

Ne plus vouloir être homme..., rêver d'une autre forme de déchéance.

*

Chaque fois qu'on se trouve à un tournant, le mieux est de s'allonger et de laisser passer les heures. Les résolutions prises debout ne valent rien : elles sont dictées soit par l'orgueil, soit par la peur. Couché, on connaît toujours ces deux fléaux mais sous une forme plus atténuée, plus intemporelle.

*

Quand quelqu'un se plaint que sa vie n'a pas abouti, on n'a qu'à lui rappeler que la vie elle-même est dans une situation analogue, sinon pire.

*

Les œuvres meurent ; les fragments, n'ayant pas vécu, ne peuvent davantage mourir.

*

L'horreur de l'accessoire me paralyse. Or, l'accessoire est l'essence de la communication (et donc de la pensée), il est la chair et le sang de la parole et de l'écriture. Vouloir y renoncer — autant forniquer avec un squelette.

*

Le contentement que l'on retire de l'accomplissement d'une tâche (surtout lorsqu'on n'y croit pas et qu'on la méprise même) montre bien à quel point on appartient encore à la tourbe.

*

Mon mérite n'est pas d'être totalement inefficace mais de m'être voulu tel.

*

Si je ne renie pas mes origines, c'est qu'il vaut mieux, en définitive, n'être rien du tout qu'un semblant de quelque chose.

*

Mélange d'automatisme et de caprice, l'homme est un robot avec des failles, un robot *détraqué*. Pourvu qu'il le demeure et qu'on ne le redresse pas un jour !

*

Ce que chacun, qu'il ait de la patience ou non, attend depuis toujours, c'est évidemment la mort. Mais il ne le sait que lorsqu'elle arrive..., lorsqu'il est trop tard pour pouvoir en jouir

*

L'homme a certainement commencé à prier bien avant d'avoir su parler, car les affres qu'il dut connaître en quittant l'animalité, en la reniant, comment aurait-il pu les supporter sans des grognements et des gémissements, préfigurations, signes avant-coureurs de la prière ?

*

En art et en tout, le commentateur est d'ordinaire plus averti et plus lucide que le commenté. C'est l'avantage de l'assassin sur la victime.

*

« Rendons grâce aux dieux, qui ne retiennent personne de force dans la vie. »

Sénèque (dont le style, suivant Caligula, manque de *ciment*) est ouvert à l'essentiel, et cela non pas tant à cause de son affiliation au stoïcisme que de son exil de huit ans en Corse, particulièrement sauvage à l'épo-

196

que. Cette épreuve a conféré à un esprit frivole une dimension qu'il n'aurait pas acquise normalement. Elle l'a dispensé du concours d'une maladie.

*

Cet instant-ci, mien encore, le voilà qui s'écoule, qui m'échappe, le voilà englouti. Vais-je me commettre avec le suivant ? Je m'y décide : il est là, il m'appartient, et déjà il est loin. Du matin au soir, fabriquer du passé !

*

Après avoir, en pure perte, tout tenté du côté des mystiques, il ne lui restait plus qu'une issue : sombrer dans la sagesse...

*

Dès qu'on se pose des questions dites philosophiques et qu'on emploie l'inévitable jargon, on prend un air supérieur, agressif, et cela dans un domaine où, l'insoluble étant de rigueur, l'humilité devrait l'être aussi. Cette anomalie n'est qu'apparente. Plus les questions qu'on aborde sont de taille, plus on perd la tête : on finit même par se prêter à soi-même les dimensions qu'elles possèdent. Si l'orgueil des théologiens est plus « puant » encore que celui des philosophes, c'est qu'on ne s'occupe pas impunément de Dieu : on en arrive à s'arroger malgré soi quelques-uns de ses attributs, les pires s'entend.

*

En paix avec lui-même et le monde, l'esprit s'étiole. Il s'épanouit à la moindre contrariété. La pensée n'est en somme que l'exploitation éhontée de nos gênes et de nos disgrâces.

*

Ce corps, fidèle autrefois, me désavoue, ne me suit plus, a cessé d'être mon complice. Rejeté, trahi, mis au rancart, que deviendrais-je si de vieilles infirmités, pour me marquer leur loyauté, ne venaient me tenir compagnie à toute heure du jour et de la nuit ?

*

Les gens « distingués » n'inventent pas en matière de langage. Y excellent au contraire tous ceux qui improvisent par forfanterie ou se vautrent dans une grossièreté teintée d'émotion. Ce sont des natures, ils vivent à même les mots. Le génie verbal serait-il l'apanage des mauvais lieux ? Il exige en tout cas un minimum de dégueulasserie.

*

On devrait s'en tenir à un seul idiome, et en approfondir la connaissance à chaque occasion. Pour un écrivain, bavarder avec une concierge est bien plus profitable que s'entretenir avec un savant dans une langue étrangère.

*

« ... le sentiment d'être tout et l'évidence de n'être rien ». Le hasard me fit tomber, dans ma jeunesse, sur ce bout de phrase. J'en fus bouleversé. Tout ce que je ressentais alors, et tout ce que je devais ressentir par la suite, se trouvait ramassé dans cette extraordinaire formule banale, synthèse de dilatation et d'échec, d'extase et d'impasse. Le plus souvent ce n'est pas d'un paradoxe, c'est d'un truisme que surgit une révélation.

*

La poésie exclut calcul et préméditation : elle est inachèvement, pressentiment, gouffre. Ni géométrie ronronnante, ni succession d'adjectifs exsangues. Nous sommes tous trop blessés et trop déchus, trop fatigués et trop barbares dans notre fatigue, pour apprécier encore le *métier.*

*

L'idée de progrès, on ne peut s'en passer, et pourtant elle ne mérite pas qu'on s'y arrête. C'est comme le « sens » de la vie. Il *faut* que la vie en ait un. Mais en existe-t-il un seul qui, à l'examen, ne se révèle pas dérisoire ?

*

Des arbres massacrés. Des maisons surgissent. Des gueules, des gueules partout. L'homme s'*étend.* L'homme est le cancer de la terre.

*

L'idée de fatalité a quelque chose d'enveloppant et de voluptueux : elle vous tient chaud.

*

Un troglodyte qui aurait parcouru toutes les nuances de la satiété...

*

Le plaisir de se calomnier vaut de beaucoup celui d'être calomnié.

*

Mieux que personne je connais le danger d'être né avec une soif de tout. Un cadeau empoisonné, une vengeance de la Providence. Ainsi grevé, je ne pouvais arriver à rien, sur le plan spirituel s'entend, le seul qui importe. Nullement accidentel, mon échec se confond avec mon essence.

*

Les mystiques et leurs « œuvres complètes ». Quand on s'adresse à Dieu, et à Dieu seul, comme ils le prétendent, on devrait se garder d'écrire. Dieu ne *lit* pas...

*

Chaque fois que je pense à l'essentiel, je crois l'entrevoir dans le silence ou l'explosion, dans la stupeur ou le cri. Jamais dans la parole.

*

Quand on rumine à longueur de journée sur l'inopportunité de la naissance, tout ce qu'on projette et tout ce qu'on exécute semble piètre et futile. On est comme un fou qui, guéri, ne ferait que penser à la crise qu'il a traversée, au « rêve » dont il émerge ; il y reviendrait sans cesse, de sorte que sa guérison ne lui serait d'aucun profit.

*

L'appétit de tourment est pour certains ce qu'est l'appât du gain pour d'autres.

*

L'homme est parti du mauvais pied. La mésaventure au paradis en fut la première conséquence. Le reste devait suivre.

*

Je ne comprendrai jamais comment on peut vivre en sachant qu'on n'est pas — pour le moins ! — éternel.

*

L'être idéal ? Un ange dévasté par l'humour.

*

Quand, à la suite d'une série de questions sur le désir, le dégoût et la sérénité, on demande au Bouddha : « Quel est le but, le sens dernier du nirvâna ? » il ne répond pas. Il *sourit.* On a beaucoup épilogué sur ce sourire, au lieu d'y voir une réaction normale devant une question sans objet. C'est ce que nous faisons devant les *pourquoi* des enfants. Nous sourions, parce qu'aucune réponse n'est concevable, parce que la réponse serait encore plus dénuée de sens que la question. Les enfants n'admettent une limite à rien ; ils veulent toujours regarder au-delà, voir ce qu'il y a après. Mais il n'y a pas d'après. Le nirvâna est une limite, la limite. Il est libération, impasse suprême...

*

L'existence, c'est certain, pouvait avoir quelque attrait avant l'avènement du bruit, mettons avant le néolithique.

A quand l'homme qui saura nous défaire de tous les hommes ?

*

On a beau se dire qu'on ne devrait pas dépasser en longévité un mort-né, au lieu de décamper à la première occasion, on s'accroche, avec l'énergie d'un aliéné, à une journée de plus.

*

La lucidité n'extirpe pas le désir de vivre, tant s'en faut, elle rend seulement impropre à la vie.

*

Dieu : une maladie dont on se croit guéri parce que plus personne n'en meurt.

*

L'inconscience est le secret, le « principe de vie » de la vie. Elle est l'unique recours contre le moi, contre le mal d'être individualisé, contre l'effet débilitant de l'état de conscience, état si redoutable, si dur à affronter, qu'il devrait être réservé aux athlètes seulement.

*

Toute réussite, dans n'importe quel ordre, entraîne un appauvrissement intérieur. Elle nous fait oublier ce que nous sommes, elle nous prive du supplice de nos limites.

*

Je ne me suis jamais pris pour un *être*. Un non-citoyen, un marginal, un rien du tout qui n'existe que par l'excès, par la surabondance de son néant.

*

Avoir fait naufrage quelque part entre l'épigramme et le soupir !

*

La souffrance ouvre les yeux, aide à voir des choses qu'on n'aurait pas perçues autrement. Elle n'est donc utile qu'à la connaissance, et, hors de là, ne sert qu'à envenimer l'existence. Ce qui, soit dit en passant, favorise encore la connaissance.

« Il a souffert, donc il a compris. » C'est tout ce qu'on peut dire d'une victime de la maladie, de l'injustice, ou de n'importe quelle variété d'infortune. La souffrance n'améliore personne (sauf ceux qui étaient déjà *bons*), elle est oubliée comme sont oubliées toutes choses, elle n'entre pas dans le « patrimoine de l'humanité », ni ne se conserve d'aucune manière, mais se perd comme tout se perd. Encore une fois, elle ne sert qu'à ouvrir les yeux.

*

L'homme a dit ce qu'il avait à dire. Il devrait se reposer maintenant. Il n'y consent pas, et bien qu'il soit entré dans sa phase de survivant, il se trémousse comme s'il était au seuil d'une carrière mirobolante.

*

Le cri n'a de sens que dans un univers créé. S'il n'y a pas de créateur, à quoi rime d'attirer l'attention sur soi ?

*

« Arrivé sur la place de la Concorde, ma pensée était de me détruire. »
Rien, dans toute la littérature française, ne m'aura poursuivi autant.

*

En tout, seuls comptent le commencement et le dénouement, le faire et le défaire. La voie vers l'être et la voie hors de l'être, c'est cela la respiration, le souffle, alors que l'être comme tel n'est qu'un étouffoir.

*

A mesure que le temps passe, je me persuade que mes premières années furent un paradis. Mais je me trompe sans doute. Si jamais paradis il y eut, il me faudrait le chercher avant toutes mes années

*

Règle d'or : laisser une image incomplète de soi...

*

Plus l'homme est homme, plus il perd en réalité : c'est le prix qu'il doit payer pour son essence distincte. S'il parvenait à aller jusqu'au bout de sa singularité, et qu'il devînt homme d'une façon totale, absolue, il n'aurait plus rien en lui qui rappelât quelque genre d'existence que ce fût.

*

Le mutisme devant les arrêts du sort, la redécouverte, après des siècles d'imploration tonitruante, du *Tais-toi* antique, voilà à quoi nous devrions nous astreindre voilà notre lutte, si toutefois ce mot est propre lorsqu'il s'agit d'une défaite prévue et acceptée.

*

Tout succès est infamant : on ne s'en remet jamais, à ses propres yeux s'entend.

*

Les affres de la vérité sur soi sont au-dessus de ce qu'on peut supporter. Celui qui ne se ment plus à lui-même (si tant est qu'un tel être existe), combien il est à plaindre !

*

Je ne lirai plus les sages. Ils m ont fait trop de mal. J'aurais dû me livrer à mes instincts, laisser s'épanouir ma folie. J'ai fait tout le contraire, j'ai pris le masque de la raison, et le masque a fini par se substituer au visage et par usurper le reste.

*

Dans mes moments de mégalomanie, je me dis qu'il est impossible que mes diagnostics soient erronés, que je n'ai qu'à patienter, qu'à attendre jusqu'à la fin, jusqu'à l'avènement du dernier homme, du seul être à même de me donner raison...

*

L'idée qu'il eût mieux valu ne jamais exister est de celles qui rencontrent le plus d'opposition. Chacun, incapable de se regarder autrement que de l'intérieur, se croit nécessaire, voire indispensable, chacun se sent et se perçoit comme une réalité absolue, comme un tout, comme le tout. Dès l'instant qu'on s'identifie entièrement avec son propre être, on réagit comme Dieu, on *est* Dieu.

C'est seulement quand on vit à la fois à l'intérieur et en marge de soi-même, qu'on peut concevoir, en toute sérénité, qu'il eût été préférable que l'accident qu'on est ne se fût jamais produit.

*

Si je suivais ma pente naturelle, je ferais tout sauter. Et c'est parce que je n'ai pas le courage de la suivre que, par pénitence, j'essaie de m'abrutir au contact de ceux qui ont trouvé la paix.

*

Un écrivain ne nous a pas marqués parce que nous l'avons beaucoup lu mais parce que nous avons pensé à lui plus que de raison. Je n'ai pratiqué spécialement ni Baudelaire ni Pascal mais je n'ai cessé de songer à leurs misères, lesquelles m'ont accompagné partout aussi fidèlement que les miennes.

*

A chaque âge, des signes plus ou moins distincts nous avertissent qu'il est temps de vider les lieux. Nous hésitons, nous ajournons, persuadés que, la vieillesse enfin venue, ces signes deviendront si nets que balancer encore serait inconvenant. Nets, ils le sont en effet, mais nous n'avons plus assez de vigueur pour accomplir le seul acte décent qu'un vivant puisse commettre.

*

Le nom d'une vedette, célèbre dans mon enfance, me revient soudain à l'esprit. Qui se souvient encore d'elle ? Bien plus qu'une rumination philosophique, ce sont des détails de cet acabit qui nous révèlent la scandaleuse réalité et irréalité du temps.

*

Si nous réussissons à durer malgré tout, c'est parce que nos infirmités sont si multiples et si contradictoires, qu'elles s'annulent les unes les autres.

*

Les seuls moments auxquels je pense avec réconfort, sont ceux où j'ai souhaité n'être rien pour personne, où j'ai rougi à l'idée de laisser la moindre trace dans la mémoire de qui que ce soit..

*

Condition indispensable à l'accomplissement spirituel : avoir toujours mal misé..

*

Si nous voulons voir diminuer le nombre de nos déceptions ou de nos fureurs, il importe, en toute circonstance, de nous rappeler que nous sommes là pour nous rendre malheureux les uns les autres, et que s'insurger contre cet état de choses c'est saper le fondement même de la vie en commun.

*

Une maladie n'est bien nôtre qu'à partir du moment où on nous en dit le nom, où on nous met la corde au cou...

*

Toutes mes pensées sont tournées vers la résignation, et cependant il ne se passe pas de jour que je ne concocte quelque ultimatum à l'adresse de Dieu ou de n'importe qui.

*

Quand chacun aura compris que la naissance est une défaite, l'existence, enfin supportable, apparaîtra comme le lendemain d'une capitulation, comme le soulagement et le repos du vaincu.

*

Tant que l'on croyait au Diable, tout ce qui arrivait était intelligible et clair ; depuis qu'on n'y croit plus, il faut, à propos de chaque événement, chercher une explication nouvelle, aussi laborieuse qu'arbitraire, qui intrigue tout le monde et ne satisfait personne.

*

La Vérité, nous ne la poursuivons pas toujours ; mais quand nous la recherchons avec soif, avec violence, nous haïssons tout ce qui est *expression,* tout ce qui relève des mots et des formes, tous les mensonges nobles, encore plus éloignés du vrai que les vulgaires.

*

N'est réel que ce qui procède de l'émotion ou du cynisme. Tout le reste est « talent ».

*

Vitalité et refus vont de pair. L'indulgence, signe d'anémie, supprime le rire, puisqu'elle s'incline devant toutes les formes de la dissemblance.

*

Nos misères physiologiques nous aident à envisager l'avenir avec confiance : elles nous dispensent de trop nous tracasser, elles font de leur mieux pour qu'aucun de nos projets de longue haleine n'ait le temps d'user toutes nos disponibilités d'énergie.

*

L'Empire craquait, les Barbares se déplaçaient... Que faire, sinon s'évader du siècle ?
Heureux temps où l'on avait où fuir, où les espaces

solitaires étaient accessibles et accueillants ! Nous avons été dépossédés de tout, même du désert.

*

Pour celui qui a pris la fâcheuse habitude de démasquer les apparences, *événement* et *malentendu* sont synonymes.

Aller à l'essentiel, c'est abandonner la partie, c'est s'avouer vaincu.

*

X a sans doute raison de se comparer à un « volcan », mais il a tort d'entrer dans des détails.

*

Les pauvres, à force de penser à l'argent, et d'y penser sans arrêt, en arrivent à perdre les avantages spirituels de la non-possession et à descendre aussi bas que les riches.

*

La psyché — de l'air sans plus, du vent en somme, ou, au mieux, de la fumée —, les premiers Grecs la considéraient ainsi, et on leur donne volontiers raison toutes les fois qu'on est las de farfouiller dans son moi ou dans celui des autres, en quête de profondeurs insolites et, si possible, suspectes.

*

Le dernier pas vers l'indifférence est la destruction de l'idée même d'indifférence.

*

Marcher dans une forêt entre deux haies de fougères transfigurées par l'automne, c'est cela un *triomphe*. Que sont à côté suffrages et ovations ?

*

Rabaisser les siens, les vilipender, les pulvériser, s'en prendre aux fondations, se frapper soi-même à la base, ruiner son point de départ, se punir de ses origines..., maudire tous ces non-élus, engeance mineure, quelconque, tiraillée entre l'imposture et l'élégie, et dont la seule mission est de ne pas en avoir...

*

Ayant détruit toutes mes attaches, je devrais éprouver une sensation de liberté. J'en éprouve une en effet, si intense que j'ai peur de m'en réjouir.

*

Quand la coutume de regarder les choses en face tourne à la manie, on pleure le fou qu'on a été et qu'on n'est plus.

XI

Quelqu'un que nous plaçons très haut nous devient plus proche quand il accomplit un acte indigne de lui. Par là, il nous dispense du calvaire de la vénération. Et c'est à partir de ce moment que nous éprouvons à son égard un véritable attachement.

*

Rien ne surpasse en gravité les vilenies et les grossièretés que l'on commet par timidité.

*

Flaubert, devant le Nil et les Pyramides, ne songeait, suivant un témoin, qu'à la Normandie, qu'aux mœurs et aux paysages de la future *Madame Bovary*. Rien ne semblait exister pour lui en dehors d'elle. Imaginer, c'est se restreindre, c'est exclure : sans une capacité démesurée de refus, nul projet, nulle œuvre, nul moyen de réaliser quoi que ce soit.

*

Ce qui ressemble de près ou de loin à une victoire me paraît à tel point un déshonneur, que je ne peux combattre, en toute circonstance, qu'avec le ferme propos d'avoir le dessous. J'ai dépassé le stade où les êtres importent, et ne vois plus aucune raison de lutter dans les mondes connus.

*

On n'enseigne la philosophie que dans l'agora, dans un jardin ou chez soi. La chaire est le tombeau du philosophe, la mort de toute pensée vivante, la chaire est l'esprit en deuil.

*

Que je puisse désirer encore, cela prouve bien que je n'ai pas une perception exacte de la réalité, que je divague, que je suis à mille lieues du Vrai. « L'homme, lit-on dans le *Dhammapada*, n'est la proie du désir que parce qu'il ne voit pas les choses telles qu'elles sont. »

*

Je tremblais de rage : mon honneur était en jeu. Les heures passaient, l'aube approchait. Allais-je, à cause d'une vétille, gâcher ma nuit ? J'avais beau essayer de minimiser l'incident, les raisons que j'inventais pour me calmer demeuraient sans effet. Ils ont osé me faire ça ! J'étais sur le point d'ouvrir la fenêtre et de hurler comme un fou furieux, quand l'image de notre planète tournant comme une toupie s'empara tout à coup de mon esprit. Ma rage retomba aussitôt.

*

La mort n'est pas tout à fait inutile. C'est quand même grâce à elle qu'il nous sera donné peut-être de

216

recouvrer l'espace d'avant la naissance, notre seul espace...

*

Qu'on avait raison autrefois de commencer la journée par une prière, par un appel au secours ! Faute de savoir à qui nous adresser, nous finirons par nous prosterner devant la première divinité maboule.

*

La conscience aiguë d'avoir un corps, c'est cela l'absence de santé.
... Autant dire que je ne me suis jamais bien porté.

*

Tout est duperie, je l'ai toujours su ; cependant cette certitude ne m'a apporté aucun apaisement, sauf aux moments où elle m'était violemment présente à l'esprit...

*

La perception de la précarité hissée au rang de vision, d'expérience mystique.

*

La seule manière de supporter revers après revers est d'aimer l'idée même de revers. Si on y parvient, plus de surprises : on est supérieur à tout ce qui arrive, on est une victime invincible.

*

Dans les sensations de douleur très fortes, beaucoup plus que dans les faibles, on s'observe, on se dédouble, on demeure extérieur à soi, quand bien même on gémit ou on hurle. Tout ce qui confine au supplice réveille en chacun le psychologue, le curieux, ainsi que l'expérimentateur : on veut voir jusqu'où on peut aller dans l'intolérable

*

Qu'est-ce que l'injustice auprès de la maladie ? Il est vrai qu'on peut trouver injuste le fait d'être malade C'est d'ailleurs ainsi que réagit chacun, sans se soucier de savoir s'il a raison ou tort.

La maladie *est* : rien de plus réel qu'elle. Si on la déclare injuste, il faut oser en faire autant de l'être lui même, parler en somme de l'*injustice d'exister*.

*

La création, telle qu'elle était, ne valait pas cher ; rafistolée, elle vaut encore moins. Que ne l'a-t-on pas laissée dans sa vérité, dans sa nullité première !

Le Messie à venir, le vrai, on comprend qu'il tarde à se manifester. La tâche qui l'attend n'est pas aisée : comment s'y prendrait-il pour délivrer l'humanité de la *manie du mieux ?*

*

Quand, furieux de s'être trop habitué à soi-même, on se met à se détester, on s'aperçoit bientôt que c'est pis qu'avant, que se haïr renforce encore davantage les liens avec soi.

*

Je ne l'interromps pas, le laisse peser les mérites de chacun, j'attends qu'il m'exécute... Son incompréhension des êtres est confondante. Subtil et candide à la fois, il vous juge comme si vous étiez une entité ou une catégorie. Le temps n'ayant pas eu de prise sur lui, il ne peut admettre que je sois en dehors de tout ce qu'il défend, que plus rien de ce qu'il prône ne me regarde encore.

Le dialogue devient sans objet avec quelqu'un qui échappe au défilé des années. Je demande à ceux que j'aime de me faire la grâce de vieillir.

*

Le trac devant quoi que ce soit, devant le plein et le vide également. Le trac *originel*...

*

Dieu *est*, même s'il n'est pas.

*

D. est incapable d'assimiler le Mal. Il en constate l'existence mais il ne peut l'incorporer à sa pensée. Sortirait-il de l'enfer qu'on ne le saurait pas, tant, dans ses propos, il est au-dessus de ce qui lui nuit.

Les épreuves qu'il a endurées, on en chercherait en vain le moindre vestige dans ses idées. De temps en temps il a des réflexes, des réflexes seulement, d'homme blessé. Fermé au négatif, il ne discerne pas que tout ce que nous possédons n'est qu'un capital de non-être. Cependant plus d'un de ses gestes révèle un esprit démoniaque. Démoniaque sans le savoir. C'est un destructeur obnubilé et stérilisé par le Bien.

*

La curiosité de mesurer ses progrès dans la déchéance, est la seule raison qu'on a d'avancer en âge. On se croyait arrivé à la limite, on pensait que l'horizon était à jamais bouché, on se lamentait, on se laissait aller au découragement. Et puis on s'aperçoit qu'on peut tomber plus bas encore, qu'il y a du nouveau, que tout espoir n'est pas perdu, qu'il est possible de s'enfoncer un peu plus et d'écarter ainsi le danger de se figer, de se scléroser...

*

« La vie ne semble un bien qu'à l'insensé », se plaisait à dire, il y a vingt-trois siècles, *Hégésias*, philosophe cyrénaïque, dont il ne reste à peu près que ce propos... S'il y a une œuvre qu'on aimerait réinventer, c'est bien la sienne.

*

Nul n'approche de la condition du sage s'il n'a pas la bonne fortune d'être oublié de son vivant.

*

Penser, c'est saper, c'est *se* saper. Agir entraîne moins de risques, parce que l'action remplit l'intervalle entre les choses et nous, alors que la réflexion l'élargit dangereusement.
... Tant que je m'adonne à un exercice physique, à un travail manuel, je suis heureux, comblé ; dès que je

m'arrête, je suis pris d'un mauvais vertige, et ne songe plus qu'à déguerpir pour toujours.

*

Au point le plus bas de soi-même, quand on touche le fond et qu'on palpe l'abîme, on est soulevé d'un coup — réaction de défense ou orgueil ridicule — par le sentiment d'être *supérieur* à Dieu. Le côté grandiose et impur de la tentation d'en finir.

*

Une émission sur les loups, avec des exemples de hurlement. Quel langage ! Il n'en existe pas de plus déchirant. Jamais je ne l'oublierai, et il me suffira à l'avenir, dans des moments de trop grande solitude, de me le rappeler distinctement, pour avoir le sentiment d'appartenir à une communauté.

*

A partir du moment où la défaite était en vue, Hitler ne parlait plus que de victoire. Il y croyait — il se comportait en tout cas comme s'il y croyait — et il resta jusqu'à la fin claquemuré dans son optimisme, dans sa foi. Tout s'effondrait autour de lui, chaque jour apportait un démenti à ses espérances mais, persistant à escompter l'impossible, s'aveuglant comme seuls les incurables savent le faire, il eut la force d'aller jusqu'au bout, d'inventer horreur après horreur, et de continuer au-delà de sa folie, au-delà même de sa destinée. C'est ainsi qu'on peut dire de lui, de lui qui a tout raté, qu'il s'est réalisé mieux qu'aucun autre mortel.

*

« Après moi le déluge » est la devise inavouée de tout un chacun : si nous admettons que d'autres nous survivent, c'est avec l'espoir qu'ils en seront punis.

*

Un zoologiste qui, en Afrique, a observé de près les gorilles, s'étonne de l'uniformité de leur vie et de leur grand désœuvrement. Des heures et des heures sans rien faire... Ils ne connaissent donc pas l'ennui ?

Cette question est bien d'un *homme,* d'un singe occupé. Loin de fuir la monotonie, les animaux la recherchent, et ce qu'ils redoutent le plus c'est de la voir cesser. Car elle ne cesse que pour être remplacée par la peur, cause de tout affairement.

L'inaction est divine. C'est pourtant contre elle que l'homme s'est insurgé. Lui seul, dans la nature, est incapable de supporter la monotonie, lui seul veut à tout prix que quelque chose arrive, n'importe quoi. Par là, il se montre indigne de son ancêtre : le besoin de nouveauté est le fait d'un gorille fourvoyé.

*

Nous approchons de plus en plus de l'Irrespirable. Quand nous y serons parvenus, ce sera le grand Jour. Nous n'en sommes hélas ! qu'à la veille.

*

Une nation n'atteint à la prééminence et ne la conserve qu'aussi longtemps qu'elle accepte des conventions nécessairement ineptes, et qu'elle est inféodée à des préjugés, sans les prendre pour tels. Dès qu'elle les appelle par leur nom, tout est démasqué, tout est compromis.

Vouloir dominer, jouer un rôle, faire la loi, ne va pas sans une forte dose de stupidité : l'histoire, dans son essence, est *stupide*... Elle continue, elle avance, parce que les nations liquident leurs préjugés à tour de rôle. Si elles s'en débarrassaient en même temps, il n'y aurait plus qu'une bienheureuse désagrégation universelle.

*

On ne peut pas vivre sans mobiles. Je n'ai plus de mobiles, et je vis.

*

J'étais en parfaite santé, j'allais mieux que jamais. Tout à coup un froid me saisit pour lequel il me parut évident qu'il n'y avait pas de remède. Que m'arrivait-il ? Ce n'était pourtant pas la première fois qu'une telle sensation me submergeait. Mais auparavant je la supportais sans essayer de la comprendre. Cette fois-ci, je voulais savoir, et tout de suite. J'écartai hypothèse après hypothèse : il ne pouvait être question de maladie. Pas ombre d'un symptôme auquel m'accrocher. Que faire ? J'étais en pleine déroute, incapable de trouver ne serait-ce qu'un simulacre d'explication, lorsque l'idée me vint — et ce fut un vrai soulagement — qu'il ne s'agissait là que d'une version du grand, de l'ultime froid, que c'était lui simplement qui s'exerçait, qui faisait une répétition...

*

Au paradis, les objets et les êtres, assiégés de tous côtés par la lumière, ne projettent pas d'ombre. Autant dire qu'ils manquent de réalité, comme tout ce qui est inentamé par les ténèbres et déserté par la mort.

*

Nos premières intuitions sont les vraies. Ce que je pensais d'un tas de choses dans ma prime jeunesse, me paraît de plus en plus juste, et, après tant d'égarements et de détours, j'y reviens maintenant, tout affligé d'avoir pu ériger mon existence sur la ruine de ces évidences-là.

*

Un lieu que j'ai parcouru, je ne m'en souviens que si j'ai eu la veine d'y connaître quelque anéantissement par le cafard.

*

A la foire, devant ce bateleur qui grimaçait, gueulait, se fatiguait, je me disais qu'il faisait son devoir, lui, alors que moi j'esquivais le mien.

*

Se manifester, œuvrer, dans n'importe quel domaine, est le fait d'un fanatique plus ou moins camouflé. Si on ne s'estime pas investi d'une mission, exister est difficile ; agir, impossible.

*

La certitude qu'il n'y a pas de salut est une forme de salut, elle est même *le* salut. A partir de là on peut aussi bien organiser sa propre vie que construire une philosophie de l'histoire. L'insoluble comme solution, comme seule issue...

*

Mes infirmités m'ont gâché l'existence, mais c'est grâce à elles que j'existe, que je m'imagine que j'existe.

*

L'homme ne m'intéresse que depuis qu'il ne croit plus en lui-même. Tant qu'il était en pleine ascension, il ne méritait qu'indifférence. Maintenant il suscite un sentiment nouveau, une sympathie spéciale : l'horreur *attendrie*.

*

J'ai beau m'être débarrassé de tant de superstitions et de liens, je ne puis me tenir pour libre, pour éloigné de tout. La folie du désistement, ayant survécu aux autres passions, n'accepte pas de me quitter : elle me harasse, elle persévère, elle exige que je continue à renoncer. Mais à quoi ? Que me reste-t-il à rejeter ? Je me le demande. Mon rôle est fini, ma carrière achevée, et cependant rien n'est changé à ma vie, j'en suis au même point, je dois me désister encore et toujours.

XII

Il n'est pas de position plus fausse que d'avoir compris et de rester encore en vie.

*

Quand on considère froidement cette portion de durée impartie à chacun, elle paraît également satisfaisante et également dérisoire, qu'elle s'étende sur un jour ou sur un siècle.

« J'ai fait mon temps. » — Il n'est pas d'expression qu'on puisse proférer avec plus d'à-propos à n'importe quel instant d'une vie, au premier y compris

*

La mort est la providence de ceux qui auront eu le goût et le don du fiasco, elle est la récompense de tous ceux qui n'ont pas abouti, qui ne tenaient pas à aboutir... Elle leur donne raison, elle est leur triomphe. En revanche, pour les autres, pour ceux qui ont peiné pour réussir, et qui ont réussi, quel démenti, quelle gifle !

Un moine d'Egypte, après quinze ans de solitude complète, reçut de ses parents et de ses amis tout un paquet de lettres. Il ne les ouvrit pas, il les jeta au feu, pour échapper à l'agression des souvenirs. On ne peut rester en communion avec soi-même et ses pensées, si on permet aux revenants de se manifester, de sévir. Le *désert* ne signifie pas tant une vie nouvelle que la mort du passé : on s'est enfin évadé de sa propre histoire. Dans le siècle, non moins que dans les thébaïdes, les lettres qu'on écrit, comme celles qu'on reçoit, témoignent qu'on est enchaîné, qu'on n'a brisé aucun lien, qu'on n'est qu'un esclave et qu'on mérite de l'être

*

Un peu de patience, et le moment viendra où plus rien ne sera encore possible, où l'humanité, acculée à elle-même, ne pourra dans aucune direction exécuter un seul pas de plus.

Si on parvient à se représenter en gros ce spectacle sans précédent, on voudrait quand même des *détails*... Et on a peur malgré tout de manquer la fête, de n'être plus assez jeune pour avoir la chance d'y assister.

*

Qu'il sorte de la bouche d'un épicier ou d'un philosophe, le mot *être*, si riche, si tentant, si lourd de signification en apparence, ne veut en fait rien dire du tout. Il est incroyable qu'un esprit sensé puisse s'en servir en quelque occasion que ce soit

*

Debout, au milieu de la nuit, je tournais dans ma chambre avec la certitude d'être un élu et un scélérat, double privilège, naturel pour celui qui veille, révoltant ou incompréhensible pour les captifs de la logique diurne.

*

Il n'est pas donné à tout le monde d'avoir eu une enfance malheureuse. La mienne fut bien plus qu'heureuse. Elle fut *couronnée.* Je ne trouve pas de meilleur qualificatif pour désigner ce qu'elle eut de triomphal jusque dans ses affres. Cela devait se payer, cela ne pouvait rester impuni.

*

Si j'aime tant la correspondance de Dostoïevski, c'est qu'il n'y est question que de maladie et d'argent, uniques sujets « brûlants ». Tout le reste n'est que fioritures et fatras.

*

Dans cinq cent mille ans l'Angleterre sera, paraît-il, entièrement recouverte d'eau. Si j'étais Anglais, je déposerais les armes toute affaire cessante.

Chacun a son unité de temps. Pour tel, c'est la journée, la semaine, le mois ou l'année ; pour tel autre, c'est dix ans, voire cent... Ces unités, encore à l'échelle humaine, sont compatibles avec n'importe quel projet et n'importe quelle besogne.

Il en est qui prennent comme unité le temps même et qui s'élèvent parfois au-dessus : pour eux, quelle besogne, quel projet méritent d'être pris au sérieux ? Qui voit trop loin, qui est contemporain de *tout* l'avenir, ne peut plus s'affairer, ni même bouger...

*

La pensée de la précarité m'accompagne en toute
occasion : en mettant, ce matin, une lettre à la poste, je
me disais qu'elle s'adressait à un *mortel*.

*

Une seule expérience absolue, à propos de n'importe
quoi, et vous faites, à vos propres yeux, figure de
survivant.

*

J'ai toujours vécu avec la conscience de l'impossibilité de vivre. Et ce qui m'a rendu l'existence supportable, c'est la curiosité de voir comment j'allais passer
d'une minute, d'une journée, d'une année à l'autre.

*

La première condition pour devenir un saint est
d'aimer les fâcheux, de supporter les *visites*...

*

Secouer les gens, les tirer de leur sommeil, tout en
sachant que l'on commet là un crime, et qu'il vaudrait
mille fois mieux les y laisser persévérer, puisque aussi
bien lorsqu'ils s'éveillent on n'a rien à leur proposer...

*

Port-Royal. Au milieu de cette verdure, tant de
combats et de déchirements à cause de quelques
vétilles! Toute croyance, au bout d'un certain temps,

paraît gratuite et incompréhensible, comme du reste la contre-croyance qui l'a ruinée. Seul subsiste l'abasourdissement que l'une et l'autre provoquent.

*

Un pauvre type qui *sent* le temps, qui en est victime, qui en crève, qui n'éprouve rien d'autre, qui est temps à chaque instant, connaît ce qu'un métaphysicien ou un poète ne devine qu'à la faveur d'un effondrement ou d'un miracle.

*

Ces grondements intérieurs qui n'aboutissent à rien, et où l'on est réduit à l'état de volcan grotesque.

*

Chaque fois que je suis saisi par un accès de fureur, au début je m'en afflige et me méprise, ensuite je me dis : quelle chance, quelle aubaine ! Je suis encore en vie, je fais toujours partie de ces fantômes en chair et en os...

*

Le télégramme que je venais de recevoir n'en finissait pas. Toutes mes prétentions et toutes mes insuffisances y passaient. Tel travers, à peine soupçonné par moi-même, y était désigné, proclamé. Quelle divination, et quelle minutie ! Au bout de l'interminable réquisitoire, nul indice, nulle trace qui permît d'en identifier l'auteur. Qui pouvait-il bien être ? et pourquoi cette précipitation et ce recours insolite ? A-t-on jamais dit son fait à quelqu'un avec plus de rigueur dans la hargne? D'où est-il surgi ce justicier omniscient qui n'ose se nommer, ce lâche au courant de tous mes secrets, cet inquisiteur qui ne m'accorde aucune circonstance atténuante, même pas celle qu'on reconnaît au plus endurci des tortionnaires? Moi aussi j'ai pu m'égarer, moi aussi j'ai droit à quelque indulgence. Je recule devant l'inventaire de mes défauts, je suffoque, je ne peux plus supporter ce défilé de vérités... Maudite dépêche! Je la déchire, et me réveille...

*

Avoir des opinions est inévitable, est normal; avoir des convictions, l'est moins Toutes les fois que je rencontre quelqu'un qui en possède, je me demande quel vice de son esprit, quelle fêlure les lui a fait acquérir. Si légitime que soit cette question, l'habitude que j'ai de me la poser, me gâche le plaisir de la conversation, me donne mauvaise conscience, me rend odieux à mes propres yeux.

*

Il fut un temps où écrire me semblait chose importante. De toutes mes superstitions, celle-ci me paraît la plus compromettante et la plus incompréhensible.

*

J'ai abusé du mot *dégoût*. Mais quel autre vocable choisir pour désigner un état où l'exaspération est sans cesse corrigée par la lassitude et la lassitude par l'exaspération?

*

Pendant toute la soirée, ayant tenté de le définir, nous avons passé en revue les euphémismes qui permettent de ne pas prononcer, à son sujet, le mot de perfidie. Il n'est pas perfide, il est seulement tortueux, diaboliquement tortueux, et, en même temps, innocent, naïf, voire angélique. Qu'on se représente, si on peut, un mélange d'Aliocha et de Smerdiakov.

*

Quand on ne croit plus en soi-même, on cesse de produire ou de batailler, on cesse même de se poser des questions ou d'y répondre, alors que c'est le contraire qui devrait avoir lieu, vu que c'est justement à partir de ce moment qu'étant libre d'attaches, on est apte à saisir le vrai, à discerner ce qui est réel de ce qui ne l'est pas. Mais une fois tarie la croyance à son propre rôle, ou à son propre lot, on devient incurieux de tout, même de la « vérité », bien qu'on en soit plus près que jamais.

*

Au Paradis, je ne tiendrais pas une « saison », ni même un jour. Comment expliquer alors la nostalgie que j'en ai ? Je ne l'explique pas, elle m'habite depuis toujours, elle était en moi avant moi.

*

N'importe qui peut avoir de loin en loin le sentiment de n'occuper qu'un point et un instant ; connaître ce sentiment jour et nuit, toutes les heures en fait, cela est moins commun, et c'est à partir de cette expérience, de cette donnée, qu'on se tourne vers le nirvâna ou le sarcasme, ou vers les deux à la fois.

235

*

Bien qu'ayant juré de ne jamais pécher contre la sainte concision, je reste toujours complice des mots, et si je suis séduit par le silence, je n'ose y entrer, je rôde seulement à sa périphérie

*

On devrait établir le degré de vérité d'une religion d'après le cas qu'elle fait du Démon : plus elle lui accorde une place éminente, plus elle témoigne qu'elle se soucie du réel, qu'elle se refuse aux supercheries et au mensonge, qu'elle est sérieuse, qu'elle tient plus à constater qu'à divaguer, qu'à consoler.

*

Rien ne mérite d'être défait, sans doute parce que rien ne méritait d'être fait. Ainsi on se détache de tout, de l'originel autant que de l'ultime, de l'avènement comme de l'effondrement.

*

Que tout ait été dit, qu'il n'y ait plus rien à dire, on le sait, on le sent. Mais ce qu'on sent moins est que cette évidence confère au langage un statut étrange, voire inquiétant, qui le rachète. Les mots sont enfin sauvés, parce qu'ils ont cessé de vivre.

*

L'immense bien et l'immense mal que j'aurai retirés de mes ruminations sur la condition des morts.

*

L'indéniable avantage de vieillir est de pouvoir observer de près la lente et méthodique dégradation des organes ; ils commencent tous à craquer, les uns d'une façon voyante, les autres, discrète. Ils se détachent du corps, comme le corps se détache de nous : il nous échappe, il nous fuit, il ne nous appartient plus. C'est un transfuge que nous ne pouvons même pas dénoncer, puisqu'il ne s'arrête nulle part et ne se met au service de personne.

*

Je ne me lasse pas de lire sur les ermites, de préférence sur ceux dont on a dit qu'ils étaient « fatigués de chercher Dieu ». Je suis ébloui par les ratés du Désert.

*

Si, on ne sait comment, Rimbaud avait pu continuer (autant se représenter les lendemains de l'inouï, un Nietzsche en pleine production après *Ecce Homo*), il aurait fini par reculer, par s'assagir, par commenter ses explosions, par les expliquer, et s'expliquer. Sacrilège dans tous les cas, l'excès de conscience n'étant qu'une forme de profanation.

*

Je n'ai approfondi qu'une seule idée, à savoir que tout ce que l'homme accomplit se retourne nécessairement contre lui. L'idée n'est pas neuve, mais je l'ai vécue avec une force de conviction, un acharnement dont jamais fanatisme ni délire n'a approché. Il n'est

237

martyre, il n'est déshonneur que je ne souffrirais pour elle, et je ne l'échangerais contre aucune autre vérité, contre aucune autre révélation.

*

Aller encore plus loin que le Bouddha, s'élever au-dessus du nirvâna, apprendre à s'en passer..., n'être plus arrêté par rien, même pas par l'idée de délivrance, la tenir pour une simple halte, une gêne, une éclipse...

*

Mon faible pour les dynasties condamnées, pour les empires croulants, pour les Montezuma de toujours, pour ceux qui croient aux signes, pour les déchirés et les traqués, pour les intoxiqués d'inéluctable, pour les menacés, pour les dévorés, pour tous ceux qui attendent leur bourreau...

*

Je passe sans m'arrêter devant la tombe de ce critique dont j'ai remâché maints propos fielleux. Je ne m'arrête pas davantage devant celle du poète qui, vivant, ne songea qu'à sa dissolution finale. D'autres noms me poursuivent, des noms d'ailleurs, liés à un enseignement impitoyable et apaisant, à une vision bien faite pour expulser de l'esprit toutes les obsessions, même les funèbres. *Nâgârjuna, Candrakîrti, Çantideva* —, pourfendeurs non pareils, dialecticiens travaillés par l'obsession du salut, acrobates et apôtres de la Vacuité..., pour qui, sages entre les sages, l'univers n'était qu'un mot...

*

Le spectacle de ces feuilles si empressées de tomber, j'ai beau l'observer depuis tant d'automnes, je n'en éprouve pas moins chaque fois une surprise où « le froid dans le dos » l'emporterait de loin sans l'irruption, au dernier moment, d'une allégresse dont je n'arrive pas à démêler l'origine.

*

Il est des moments où, si éloignés que nous soyons de toute foi, nous ne concevons que Dieu comme interlocuteur. Nous adresser à quelqu'un d'autre nous semble une impossibilité ou une folie. La solitude, à son stade extrême, exige une forme de conversation, extrême elle aussi.

*

L'homme dégage une odeur spéciale : de tous les animaux, lui seul sent le cadavre.

*

Les heures ne voulaient pas couler. Le jour semblait lointain, inconcevable. Au vrai, ce n'est pas le jour que j'attendais mais l'oubli de ce temps rétif qui refusait d'avancer. Heureux, me disais-je, le condamné à mort qui, la veille de l'exécution, est du moins sûr de passer une bonne nuit !

*

Vais-je pouvoir rester encore debout ? vais-je m'écrouler ?

S'il y a une sensation *intéressante,* c'est bien celle qui nous donne l'avant-goût de l'épilepsie.

*

Quiconque se survit se méprise sans se l'avouer, et parfois sans le savoir.

*

Quand on a dépassé l'âge de la révolte, et qu'on se déchaîne encore, on se fait à soi-même l'effet d'un Lucifer gâteux.

*

Si on ne portait pas les stigmates de la vie, qu'il serait aisé de s'esquiver, et comme tout irait tout seul !

*

Mieux que personne, je suis capable de pardonner sur le coup. L'envie de me venger ne me vient que tard, trop tard, au moment où le souvenir de l'offense est sur le point de s'effacer, et où, l'incitation à l'acte devenue quasi nulle, je n'ai plus que la ressource de déplorer mes « bons sentiments ».

*

Ce n'est que dans la mesure où, à chaque instant, on se frotte à la mort, qu'on a chance d'entrevoir sur quelle insanité se fonde toute existence.

*

En tout dernier lieu, il est absolument indifférent que l'on soit quelque chose, que l'on soit même Dieu. De cela, avec un peu d'insistance on pourrait faire convenir à peu près tout le monde. Mais alors comment se fait-il que chacun aspire à un surcroît d'être, et qu'il n'y ait personne qui s'astreigne à baisser, à descendre vers la carence idéale ?

*

Selon une croyance assez répandue parmi certaines peuplades, les morts parlent la même langue que les vivants, avec cette différence que pour eux les mots ont un sens opposé à celui qu'ils avaient : grand signifie petit, proche lointain, blanc noir...

Mourir se réduirait donc à cela ? N'empêche que, mieux que n'importe quelle invention funèbre, ce retournement complet du langage indique ce que la mort comporte d'inhabituel, de sidérant...

*

Croire à l'avenir de l'homme, je le veux bien, mais comment y arriver lorsqu'on est malgré tout en possession de ses facultés ? Il y faudrait leur débâcle quasi totale, et encore !

*

Une pensée qui n'est pas secrètement marquée par la fatalité, est interchangeable, ne vaut rien, n'est que pensée...

*

A Turin, au début de sa crise, Nietzsche se précipitait sans cesse vers son miroir, s'y regardait, s'en détournait, s'y regardait de nouveau. Dans le train qui le conduisait à Bâle, la seule chose qu'il réclamait avec insistance c'était un miroir encore. Il ne savait plus qui il était, il se cherchait, et lui, si attaché à sauvegarder son identité, si avide de soi, n'avait plus, pour se retrouver, que le plus grossier, le plus lamentable des recours.

*

Je ne connais personne de plus inutile et de plus inutilisable que moi. C'est là une donnée que je devrais accepter tout simplement, sans en tirer la moindre fierté. Tant qu'il n'en sera pas ainsi, la conscience de mon inutilité ne me servira à rien.

*

Quel que soit le cauchemar qu'on fait, on y joue un rôle, on en est le protagoniste, on y est quelqu'un. C'est pendant la nuit que le déshérité triomphe. Si on supprimait les mauvais rêves, il y aurait des révolutions en série.

*

L'effroi devant l'avenir se greffe toujours sur le *désir* d'éprouver cet effroi.

*

Tout à coup, je me trouvai seul devant... Je sentis, en cet après-midi de mon enfance, qu'un événement très grave venait de se produire. Ce fut mon premier éveil, le premier indice, le signe avant-coureur de la conscience. Jusqu'alors je n'avais été qu'un *être*. A partir de ce moment, j'étais plus et moins que cela. Chaque *moi* commence par une fêlure et une révélation.

*

Naissance et chaîne sont synonymes. Voir le jour, voir des menottes...

*

Dire : « Tout est illusoire », c'est sacrifier à l'illusion, c'est lui reconnaître un haut degré de réalité, le plus haut même, alors qu'au contraire on voulait la discréditer. Que faire ? Le mieux est de cesser de la proclamer ou de la dénoncer, de s'y asservir en y pensant. Est entrave même l'idée qui disqualifie toutes les idées.

*

Si on pouvait dormir vingt-quatre heures sur vingt-quatre, on rejoindrait vite le marasme primordial, la béatitude de cette torpeur sans faille d'avant la Genèse — rêve de toute conscience excédée d'elle-même.

*

Ne pas naître est sans contredit la meilleure formule qui soit. Elle n'est malheureusement à la portée de personne.

*

Nul plus que moi n'a aimé ce monde, et cependant me l'aurait-on offert sur un plateau, même enfant je me serais écrié : « Trop tard, trop tard ! »

*

Qu'avez-vous, mais qu'avez-vous donc? — Je n'ai rien, je n'ai rien, j'ai fait seulement un bond hors de mon sort, et je ne sais plus maintenant vers quoi me tourner, vers quoi courir...

DU MÊME AUTEUR

Aux Éditions Gallimard

PRÉCIS DE DÉCOMPOSITION, EXERCICES NÉGATIFS

SYLLOGISMES DE L'AMERTUME

LA TENTATION D'EXISTER

HISTOIRE ET UTOPIE

LA CHUTE DANS LE TEMPS

LE MAUVAIS DÉMIURGE

ÉCARTÈLEMENT

EXERCICES D'ADMIRATION, Essais et portraits.

AVEUX ET ANATHÈMES

LE LIVRE DES LEURRES

BRÉVIAIRE DES VAINCUS

ENTRETIENS

ŒUVRES : *Sur les cimes du désespoir – Le Livre des leurres – Des larmes et des saints – Le Crépuscule des pensées – Bréviaire des vaincus – Précis de décomposition – Syllogismes de l'amertume – La Tentation d'exister – Histoire et utopie – La Chute dans le temps – Le Mauvais Démiurge – De l'inconvénient d'être né – Écartèlement – Exercices d'admiration – Aveux et anathèmes* (coll. Quarto)

ANTHOLOGIE DU PORTRAIT. De Saint-Simon à Tocqueville

CAHIERS (1957-1972)

CAHIERS DE TALAMANCA, Ibiza (31 juillet-25 août 1966)

SOLITUDE ET DESTIN

EXERCICES NÉGATIFS, En marge du *Précis de décomposition*

ŒUVRES : *Précis de décomposition – Syllogismes de l'amertume – La Tentation d'exister – Histoire et utopie – La Chute dans le temps – Le Mauvais Démiurge – De l'inconvénient d'être né – Écartèlement – Aveux et anathèmes – Exercices d'admiration.* Appendices : *Premiers textes français – En marge du «Précis de décomposition» – L'Élan vers le pire* (Coll. Bibliothèque de la Pléiade).

DANS LA COLLECTION FOLIO / ESSAIS

le chapeau mexicain (*Un nouveau grand récit de l'univers*).

Impression Maury-Imprimeur
45330 Malesherbes
le 25 juillet 2015.
Dépôt légal : juillet 2015.
1ᵉʳ dépôt légal dans la collection : novembre 1987.
Numéro d'imprimeur : 199822.

ISBN 978-2-07-032448-4. / Imprimé en France.